AF360778

THÉATRE

DE CAMPAGNE

THÉATRE DE CAMPAGNE

SEPTIÈME SÉRIE

E. Legouvé, de l'Académie-Française
A. Cahen — Cordier — Charles Cros — E. Desbeaux
A. Ehrard — J. Guillemot
E. d'Hervilly — G. de Létorière — Mendel
J. Normand — A. des Roseaux
Le comte Sollohub — G. Sujol — E. Verconsin

Troisième édition

PARIS

PAUL OLLENDORFF, ÉDITEUR
28 *bis*, RUE DE RICHELIEU

1881

LA MATINÉE D'UNE ÉTOILE

Saynète

Par M. E. LEGOUVÉ

PERSONNAGES

BÉATRIX.   Mlle Barretta.

LA GRANDE DUCHESSE DE****. Mlle M. Delaporte.

LE CAPITAINE KŒRNER.   M. de Firaudy.

Cette saynette a été jouée avec cette distribution, à la représentation de L'UNION DE LA JEUNESSE FRANÇAISE, *le 10 avril.*

LA MATINÉE D'UNE ÉTOILE

Chez Béatrix. Un petit salon élégant. Une fenêtre sur le côté. Porte au fond.

SCÈNE PREMIÈRE

BÉATRIX, seule, écrivant et lisant ce qu'elle écrit.

« Mon cher directeur, je resterai ici jusqu'au 15. La
« Grande-Duchesse est pleine de bontés pour moi. Je
« serai à Vienne le 16 et je chanterai deux fois *Faust* et
« deux fois *La Traviata*. Vous pouvez m'annoncer.
« Bien des amitiés. — Béatrix. »

SCÈNE DEUXIÈME

BÉATRIX, LA GRANDE-DUCHESSE.

(Elle est entrée sans être entendue pendant que Béatrix écrivait.)

BÉATRIX, se levant et l'apercevant.

Vous, Princesse, chez moi !

LA GRANDE-DUCHESSE

Je viens causer avec vous du programme de notre
concert.

BÉATRIX

Un mot de Votre Altesse, et je me serais rendue au palais.

LA GRANDE-DUCHESSE

Non, je tenais à venir.

BÉATRIX

Chez une humble cantatrice !

LA GRANDE-DUCHESSE, avec grâce et enjouement.

Vous êtes plus souveraine que moi ! mon petit duché compte à peine un million de sujets, et n'a guère plus de quelques lieues de tour ; vous, vous règnez sur les deux mondes !...

BEATRIX

Ah ! madame !

LA GRANDE-DUCHESSE

Puis, je fais plus que vous admirer... je vous estime ! Vous avez réalisé la plus belle alliance de ce monde... Le génie et la pureté !... merci pour mon sexe et merci pour moi !

BÉATRIX

Oh ! madame... que de gâteries !... Et on reproche aux pauvres artistes leur vanité ! Mais comment voulez-vous que la tête ne leur tourne pas quand les princesses elles-mêmes les flattent ?

LA GRANDE-DUCHESSE

Je vous flatte, parce que j'ai besoin de vous !

BÉATRIX

Besoin de moi ?

LA GRANDE-DUCHESSE

Eh! sans doute!... Ne savez-vous pas mon projet de réforme? Ne savez-vous pas que je veux faire un royaume où le culte du beau soit une loi de l'État, où il n'y ait rien de laid... que les hommes, parce qu'ils ne peuvent pas s'en empêcher...

BÉATRIX, gaiement.

Mais comment pourrai-je vous aider en cela, Altesse ?

LA GRANDE-DUCHESSE

Vous le saurez plus tard... (*Se rapprochant.*) Nous autres souveraines, nous sommes très curieuses !... On nous cache tout !... J'ai bien envie d'être indiscrète...

BÉATRIX

J'en défie Votre Altesse.

LA GRANDE-DUCHESSE, après un moment de silence.

Combien recevez-vous de déclarations par jour ?

BÉATRIX

Je n'en reçois qu'une. Toujours la même. Tenez, jugez ! (*Prenant un paquet de lettres et lisant :*) « Madame, combien vous avez été admirable !... » (*Elle jette la lettre. Lisant :*) « Madame, votre sublime « talent... » (*Même jeu. Lisant :*) « Madame, quand je vous « ai vue si belle... » (*Même jeu. Elle en ouvre une autre.* Ah ! en voici une plus originale, par exemple : « Ma- « dame, à votre première représentation, regardez à la « troisième banquette à droite de l'orchestre, second « fauteuil ; j'aurai un bouquet de violettes à ma bouton- « nière, et j'ose espérer que mon amour... » (*A la Grande-*

Duchesse, en riant.) Hein ! Quelle séduction ! Oh ! Il y a un grand remède contre l'amour, ce sont les amoureux. Surtout quand, au lieu d'écrire, ils parlent.

LA GRANDE-DUCHESSE

Qu'est-ce qu'ils disent donc ?

BÉATRIX

Oh ! ces messieurs sont très ingénieux dans leurs moyens d'introduction ; un des plus usités consiste à m'écrire : « Madame, je viens de composer pour vous « un drame, un rôle que je désire vous soumettre. » Ce drame, bien entendu, ils n'en ont pas écrit un mot, mais ils espèrent qu'une fois introduits sous ce prétexte, leurs grâces, leur esprit...

LA GRANDE-DUCHESSE, souriant.

Oui, mais enfin, ils ne sont pas tous ridicules... (*Après un silence.*) Voyons... comment avez-vous pu traverser tant d'enthousiasmes passionnés, sans être émue vous-même ? Qu'est-ce qui vous a défendue ?...

BÉATRIX

Mon rêve !...

LA GRANDE-DUCHESSE

Comment, votre rêve ?...

BÉATRIX

Oui ; parfois on n'aime pas, parce qu'on est trop capable d'aimer. On porte en soi un si divin idéal de l'amour, que l'on reste indifférente pour la réalité... ce que l'on rêve protège contre ce que l'on voit.

LA GRANDE-DUCHESSE

Mais alors, vous qui n'aimez pas, comment pouvez-vous rendre si bien les scènes d'amour ? Vous vous taisez... Ma curiosité vous offenserait-elle ?

BÉATRIX

Oh ! Altesse !

LA GRANDE-DUCHESSE

Alors, répondez, je vous en prie, car jamais mystère de cœur ne m'a plus intriguée.

BÉATRIX, avec un peu d'embarras.

En pareille matière, on a peut-être le droit de mentir un peu, et j'ai bien peur d'en avoir usé ; mais ne pas tout dire à Votre Altesse me semble presque une faute... (*Hésitant.*) Si donc, comme vous le dites, j'exprime avec vérité, depuis quelque temps surtout, les scènes d'amour, il y a pour cela une raison trop naturelle.

LA GRANDE-DUCHESSE

Votre rêve s'est réalisé ?...

BÉATRIX

Presque.

LA GRANDE-DUCHESSE

Ah ! ma pauvre théorie !

BÉATRIX

Ne la condamnez pas encore. Je n'ai vu qu'une fois celui que je crois aimer.

LA GRANDE-DUCHESSE

Vraiment !

BÉATRIX

Je ne le reverrai jamais...

LA GRANDE-DUCHESSE

Comment donc l'avez-vous vu ? Quand l'avez-vous vu ?
Où l'avez-vous vu ?

BÉATRIX

Un jour, je me trouvais à Vienne : j'avais entendu
parler d'une maison d'ouvriers aveugles... Une pensée
me vint tout-à-coup à l'esprit. Ces pauvres gens, me
dis-je, ne vivent plus que dans le monde des sons ; la
musique doit être pour eux le plus grand des plaisirs ;
si j'allais leur chanter quelque belle mélodie !

LA GRANDE-DUCHESSE

Quand je vous dis que vous êtes mon alliée naturelle !

BÉATRIX

J'écris au chef de la maison, ne mettant à ma venue
qu'une condition : c'est qu'il n'y aurait pour assistants
que les aveugles eux-mêmes. Il accepte, je pars, et je
trouve, rangés dans un grand amphithéâtre, tous les jeunes
gens, debout, tête nue. Que se passa-t-il en moi ? Etait-
çe la conscience que je faisais vraiment un acte de sympathie et sans aucun mélange de vanité ? Etait-ce le
plaisir de ne rien gagner ce jour-là ?

LA GRANDE-DUCHESSE

Voilà un plaisir que bien peu de personnes goûteraient.

BÉATRIX

Etait-ce la joie reconnaissante de tous ces braves gens ?
Je ne sais, mais je n'ai jamais chanté comme pour eux !

Puis... j'éprouve toujours, quand je parais devant le public, une certaine gène à penser que je suis l'objet de tous ces regards et je ne peux arrêter mes yeux sur personne. Mais là, j'osais les regarder... ils ne me voyaient pas ! Et tout entière à cette joie de cœur, je suivais avec délices sur tous ces visages l'expression du plaisir, de l'admiration, lorsque, dans un coin de la salle, j'aperçois deux yeux qui voyaient !

LA GRANDE-DUCHESSE

Qu'est-ce qui vous les fit reconnaître?

BÉATRIX

Le regard ! Ah ! madame, que le regard est une admirable chose ! Ma figure, en apercevant ce jeune homme, avait exprimé d'abord la surprise et l'irritation. Mais quand ce regard, ce regard humain, que je n'avais pas vu depuis une heure, se leva sur moi ; quand je retrouvai cette lumière, plus douce encore que celle du jour... car elle est à la fois de la lumière et de l'âme ! Quand je vis dans ses yeux cette expression de tendresse, de supplication, de crainte, qui semblait me dire : « Ne me renvoyez pas, je suis si heureux ! », je me sentis en un moment désarmée et vaincue ; j'étais au milieu d'un morceau : je ne pus me défendre de lui en adresser la fin ; il me semblait que lui seul m'entendait, me comprenait.... Ses yeux... oh ! que c'est beau, les yeux ! Ses yeux me répétaient que ce n'était pas mon chant qu'il admirait, mais qu'il était content de ce que j'avais fait ! Et lorsque, après le concert, il s'approcha de moi, et qu'avec une voix... bien plus douce que la mienne, grand Dieu !... il me dit tout bas : « Vous êtes bonne comme

1.

les anges ! », mon émotion fut si forte, que je ne pus ni
lui répondre, ni le regarder !...

LA GRANDE-DUCHESSE

Et vous ne l'avez pas revu ?

BÉATRIX

Non.

LA GRANDE-DUCHESSE

Et vous ne désirez pas le revoir ?

BÉATRIX

Non. Oh ! Je suis un peu bizarre, un peu mystique,
comme on dit ; ou plutôt non, je suis peureuse! Si une
simple rencontre a produit en moi une telle impression,
que serait-ce donc, si... oh!... je demande ardemment
au ciel de ne jamais le revoir.

LA GRANDE-DUCHESSE

Tout ce que vous dites me plaît, me touche, et je suis
sûre que quelqu'un de ma connaissance, quelqu'un que
je veux vous présenter... mais j'y pense, vous avez
dû le voir à Vienne !

BÉATRIX

Qui donc, Altesse ?

LA GRANDE-DUCHESSE

Mon fils !

BÉATRIX

Le prince Frédéric était en effet à Vienne, lorsque j'y
étais moi-même, mais je n'ai jamais eu l'honneur de le
rencontrer ; il vivait, dit-on, fort retiré.

SCÈNE TROISIÈME

LES MÊMES, KŒRNER.

(La fenêtre du balcon s'ouvre avec fracas, et Kœrner saute dans le salon.)

KŒRNER

Enfin, m'y voilà !

LA GRANDE-DUCHESSE

Quel est ce fou qui entre par la fenêtre ?

BÉATRIX

Ne craignez rien, princesse, je devine. (*S'approchant de Kœrner.*) Oserai-je vous demander, monsieur...

KŒRNER

Ce que je viens chercher, madame ? Demande assez naturelle ; je venais pour parler à l'illustre Béatrix !

BÉATRIX, souriant.

Par ce chemin, monsieur ?

KŒRNER

Mon Dieu, madame, j'en aurais autant aimé un autre... mais j'y ai été forcé !

BÉATRIX, riant.

Forcé d'entrer chez moi par la fenêtre ?

KŒRNER

Sans doute, madame, puisqu'on m'a impitoyablement fermé la porte... je n'avais donc qu'une ressource...

sauter par dessus les murailles... monter à l'assaut sur ce balcon...

BÉATRIX

Vous désiriez donc bien me voir, monsieur?

KŒRNER

Si je le désirais !

BÉATRIX

Eh bien ! vous m'avez vue... Ainsi vous pouvez, par la même route... (*Elle lui indique la fenêtre.*)

LA GRANDE-DUCHESSE, à part.

Bravo !

KŒRNER, avec feu.

Comment! ne comprenez-vous pas, madame.... qui je suis, ce qui m'amène?...

BÉATRIX

Pas le moins du monde, monsieur.

KŒRNER

Mais, je suis un poëte, madame, un poëte que votre génie a enthousiasmé.

BÉATRIX, bas à la Grande-Duchesse.

Quand je vous le disais, princesse... Ecoutez bien ce qui va se passer. (*Se tournant vers Kœrner avec grâce.*) Ah ! c'est bien différent, et je comprends. Monsieur a sans doute composé pour moi un drame, une tragédie ?

KŒRNER

Précisément, madame.

BÉATRIX

Cela se trouve à merveille, car je désire un rôle.

KŒRNER, à part.

Me voilà introduit !

BÉATRIX

La pièce est en trois actes?

KŒRNER

En trois !

BÉATRIX

Jolie coupe... Eh bien! Monsieur, puisque vous avez pris tant de peine pour venir me trouver, il est bien juste que je vous écoute... Vous ne pouvez pas avoir un auditeur plus digne de vous que madame... Lisez nous votre ouvrage. (*Elle s'assied en offrant un siège à Kœrner.*)

LA GRANDE-DUCHESSE, bas à Béatrix.

Cela m'amuse beaucoup.

BÉATRIX, à Kœrner.

Eh bien, monsieur ?

KŒRNER, embarrassé.

Eh bien ! madame... ne pouvant compter sur un accueil si bienveillant...

BÉATRIX

Vous n'avez pas apporté votre pièce ?

KŒRNER, avec empressement.

Précisément.

BÉATRIX, se retournant vers la Grande-Duchesse, avec grand regret.

Ah ! il n'a pas apporté sa pièce !

LA GRANDE-DUCHESSE

Il n'a pas apporté sa pièce !

BÉATRIX, se retournant vers Kœrner.

Eh bien ! Tant mieux ! vous me la raconterez.

KŒRNER

Moi ! vous raconter...

BÉATRIX

J'aime beaucoup à entendre un poëte raconter son ouvrage ; son visage animé, le jeu de sa physionomie, sa voix, ses gestes, complètent son drame mieux que le meilleur comédien... et je suis persuadée qu'un chef-d'œuvre, raconté par vous, monsieur, serait deux fois un chef-d'œuvre. •

KŒRNER

C'est que... madame...

BÉATRIX. gracieusement.

Faut-il vous dire que je le veux ?

KŒRNER, essayant de sourire.

Alors... certainement... (*A part.*) Je veux être mort si je sais que lui dire.

LA GRANDE-DUCHESSE, bas à Béatrix.

Oh ! la bonne figure ! Il tourmente son chapeau, il tousse ! il fait des hum ! hum !

BÉATRIX, à Kœrner.

Est-ce que vous faites votre drame, monsieur ?

KŒRNER

Par exemple ! madame !... c'est que je cherchais...

BÉATRIX

Par où commencer ? Ah ! oui !... c'est assez embarrassant... Mais je ne crains rien, monsieur ; un homme qui a autant d'imagination pour les entrées... saura bien trouver une sortie... Et d'abord, voyons, dites-moi le titre.

LA GRANDE-DUCHESSE

Oui, le titre ! le titre !

KŒRNER, essayant de sourire.

Le titre... vous me demandez le titre ?

BÉATRIX

Précisément !

KŒRNER, embarrassé.

C'est que...

BÉATRIX

Ah ! Je vois ce qui en est ! Monsieur est comme tous les hommes de génie, qui ne font leur ouverture qu'après leur opéra. Monsieur n'a pas encore trouvé le titre ! Ah ! tête de poëte !...

KŒRNER, avec empressement.

C'est vrai ! c'est vrai !

BÉATRIX

Du reste, le titre ne fait rien à l'affaire ! Où se passe la scène ?

KŒRNER

Aux Iles. Madame a peut être été aux Iles ?

BÉATRIX

Jamais, monsieur.

KŒRNER, avec enthousiasme.

Ah ! quel ciel, madame ! Quelle végétation ! Des palmiers qui...

BÉATRIX

Là ! Là !... Quelle imagination ! Si je vous laissais faire, vous seriez capable d'oublier votre drame pour votre description ; mais ma curiosité féminine est là. Voyons le sujet; mais ne restez donc pas debout, prenez un siége.

KŒRNER, s'asseyant.

Le sujet ! Voici : C'est une jeune sauvage... qui est... couchée... dans une caverne... vous comprenez, n'est-ce pas, madame ?

BÉATRIX

Parfaitement, monsieur.

KŒRNER

Cette jeune sauvage est grande, brune... des yeux...

BÉATRIX

Passons le portrait ! Je la vois d'ici et je brûle d'arriver à l'action.

LA GRANDE-DUCHESSE

A l'action ! à l'action !

KŒRNER

C'est trop juste !

LA GRANDE-DUCHESSE

Va-t-il bien s'embourber !

KŒRNER, avec mille peines.

C'est donc une jeune sauvage... qui est couchée dans une caverne... et cette jeune sauvage... non, pardon, je me trompe... ce n'est pas cela !... Mais si ! c'est cela !... oui !... oui !... Et... cette jeune sauvage...

BÉATRIX

Cette jeune sauvage ?...

KŒRNER

Dort !..

BÉATRIX, se tournant vers la Grande-Duchesse.

Bien ! Très-bien ! De la couleur, de l'intérêt !

KŒRNER, à part.

Ah ! quelle diable de position !

BÉATRIX

Continuons !

KŒRNER

Je vous disais donc, madame, que cette jeune sauvage... dormait... quand tout à coup... sort... de l'alcôve...

BÉATRIX

Pardon, monsieur... mais il me semblait que cette jeune sauvage dormait dans une caverne... et alors... une alcôve...

KŒRNER

C'est juste ! c'est juste ! madame, vous avez mille fois raison...

BÉATRIX

Que vous êtes bon, monsieur, d'accueillir ainsi... mes humbles critiques !... Mais je vous jure de ne plus vous interrompre...

KŒRNER, vivement.

Mais au contraire, madame, je vous en supplie !...

BÉATRIX

Non, non... cela coupe le fil de l'intérêt !... Ainsi, soyons muets comme des statues !

LA GRANDE-DUCHESSE

Comme des statues !

KŒRNER, s'empêtrant de plus en plus.

Je vous disais donc que cette jeune sauvage dormait dans la caverne, quand tout d'un coup... le jeune officier français... voyant... cette belle sauvage... endormie... l'éveille... vous suivez bien, n'est-ce pas, madame? (*Geste muet de Béatrix, qui commence à rire malgré elle.*) Et alors... le père allait lui parler... oui, c'est cela... allait lui parler... quand tout à coup... le canon... ébranle le palais... et alors... le gouverneur... et des noirs... qui portaient des cocos... entrent... et alors... (*Béatrix et la Grande-Duchesse, qui, depuis un moment, commençaient à rire, éclatent malgré elles; Kœrner les regarde quelque temps, puis il se met à rire comme elles et avec elles.*) Ha! ha! ha!... Le fait est qu'on n'a jamais été plus bête! Ha! ha! Je devais être à peindre avec ma jeune sauvage... mon gouverneur et mes cocos... ha! ha!... mes cocos!... (*Se levant.*) Au diable les jongleries!... (*à Béatrix*) Madame... je m'appelle Rodolphe Kœrner; je suis capitaine... La musique... Les vers!... Je m'en soucie comme d'un vieux fusil cassé, et quant à un drame, je veux être mort si j'ai jamais pensé à en faire un, avant le moment où vous vous êtes si bien moquée de moi! Car vous vous êtes joliment moquée de moi. Ah! que vous m'enferriez bien!... Et tout bas je me disais : « Je suis fièrement bête, mais elle a diablement d'esprit! » Ce qui fait que j'étais enchanté, quoique je n'en eusse pas l'air; et cela me confirme de plus en plus dans mes idées, car vous comprenez bien pourquoi j'ai failli me casser le cou afin de vous voir... Eh bien! oui, c'est vrai... je vous aime!... Qu'avez-vous à répondre à cela?

BÉATRIX, riant.

Ha! ha! voilà qui vaut encore mieux que les cocos.

KŒRNER

Cela vous fait rire? Allons, c'est bon signe!... (*A*

Béatrix.) Ma déclaration est un peu brusque, j'en conviens, mais elle est encore plus sincère. Je vous a me comme un enragé ! Ce matin, un petit baron a parlé de vous légèrement, je lui ai coupé la figure d'un coup de sabre. Il y a un mois, j'ai fait vingt lieues à franc étrier pour aller vous applaudir un quart d'heure, et je sens que, pour me faire aimer de vous, je serais capable de toutes les bonnes actions du monde... Que diable ! Un pareil amour ne se trouve pas tous les jours ! Cela ne vous touche-t-il pas ?

BÉATRIX

J'ai bien peur que non !

KŒRNER

Vrai?

BÉATRIX

Vrai !

KŒRNER

Vous n'êtes pas sensible à ma passion ?

BÉATRIX

Pas le moins du monde.

KŒRNER

Vous m'ôtez toute espérance ?

BÉATRIX

Mon Dieu ! oui !

LA GRANDE-DUCHESSE, à part.

Elle est charmante !

KŒRNER

Eh bien ! c'est ce que nous verrons.

BÉATRIX, gaiement.

En vérité ? Et que verrons-nous, monsieur ?

KŒRNER

Je ne puis pas vous contraindre à m'aimer.

BÉATRIX

Comment ! vous voulez bien en convenir !

KŒRNER

Mais vous n'en aimerez pas d'autres.

BÉATRIX

Et qui m'en empêchera ?

KŒRNER

Parbleu ! moi !

BÉATRIX

Et par quel moyen, de grâce ?

KŒRNER

Un moyen bien simple ! Le premier homme qui vous
fait la cour, je le tue !

BEATRIX

Très ingénieux ! mais encore faudra-t-il le connaître
avant de le tuer ?

KŒRNER

Oh ! fiez-vous à moi ! Je saurai bien le découvrir !

Vous ne ferez pas un pas sans que je vous suive. Je m'installe en face de vos fenêtres ; si vous sortez, je sors ; si quelqu'un entre, j'entre aussi ; j'intercepte tous les billets, j'épie tous les regards...

BÉATRIX

Oui ! une façon de portier ambulant !... Tant de peine mérite récompense, et comme je ne veux pas que vous m'échappiez, vos gages courront d'aujourd'hui même... (*Ouvrant sa bourse.*) Voici le denier à Dieu ! (*Elle lui donne une pièce de monnaie.*)

KŒRNER, furieux et refusant.

Comment, madame !...
(*La Grande-Duchesse rit tout bas.*)

BÉATRIX, avec bonté.

Prenez donc !... et prenez aussi le chemin que vous ne connaissez pas... celui de la porte... Au revoir, mon garçon ! (*Elle le reconduit du geste. Kœrner sort comme un homme éperdu, en disant :*) Sapristi.

SCÈNE QUATRIÈME

LA GRANDE-DUCHESSE, BÉATRIX.

LA GRANDE-DUCHESSE

Ah ! ah ! L'amusante scène ! Et comme elle divertira mon fils ! Justement, je l'aperçois qui se promène dans le parc royal... (*Avec grâce.*) Voulez-vous venir avec moi au-devant de lui ?

BÉATRIX

Avec vous, Princesse?... Je vous suis. (*La Grande-Duchesse se dirige vers la porte. Béatrix, en la suivant, regarde dans le parc.*) Ciel!... lui!...

Rideau

L'AMI DE LA MAISON

Monologue

Par M. Charles CROS.

L'AMI.

F. GALIPAUX.

L'AMI DE LA MAISON

(*Il entre indigné.*) Non, jamais je ne remettrai les pieds chez eux !

Que voulez-vous ? l'ingratitude, ça me met hors de moi.

Ce misérable Oscar !... Non, je ne peux pas parler de lui sans me mettre en rage. Pourtant, je ne suis pas méchant...

(*Il s'attendrit et renifle.*) Pas du tout méchant ; d'abord, l'amitié, à moi, c'est mon culte. J'étais l'ami d'Oscar !... Eh bien ! vous allez voir ce qu'il m'a fait, cet Oscar. Il y a deux ans que je le connais, que je le vois tous les jours sans manquer, même les jours de fête. J'arrivais chez lui le matin de bonne heure, vers dix heures. Il est marié, Oscar ; c'est bête de sa part (mais, envers un ami, je suis très tolérant). Et il a des enfants ; ce qui est encore plus bête. Aussi il a fallu toute mon amitié pour... enfin passons !

Oui, il a deux enfants ! Un de chaque sexe ! Ça grouille, ça clabaude toujours, c'est agaçant, surtout le moutard, quoiqu'il ressemble à sa mère, (oh ! iff !) une très jolie femme, mais vrai, un beau type de femme !

C'est bien la suprême bêtise d'Oscar d'avoir épousé une jolie femme, — mais une femme superbe, et mignonne !

Oh ! oui, une bêtise pommée ! Mais ça m'est égal : en amitié, je suis très tolérant, ça ne retombera que sur lui. Et puis ça me réjouissait l'œil de voir madame Oscar aller et venir, comme ça, dans l'appartement. Oh ! l'ingrat ! Enfin, passons !

J'arrivais donc vers dix heures ; je me suis logé à côté de chez eux. Oscar travaillait à je ne sais quoi ; il grattait du papier. Je le laissais faire ; moi je buvais du vin blanc. Ça nettoie l'estomac, le matin. Et Oscar a un vin blanc (plapp) ! Oh, l'ingrat !

Mais il y avait les enfants ! Et moi qui ai besoin de tranquillité, avant déjeuner ! Tenez ! L'hiver dernier, avec le froid qu'il a fait, et il y avait toujours très bon feu chez Oscar, un feu énorme (il n'a pas d'ordre) ; les enfants venaient se chauffer et puis la bonne... Elle est très gentille, la bonne ; autre bêtise, — pas d'Oscar, mais de sa femme ; du reste, je n'ai rien dit quand ils l'ont prise, et puis ça me réjouit l'œil de voir une petite bonne... Enfin, passons !

Donc, la bonne lavait le museau des enfants avec une éponge et de l'eau tiède, devant le feu ! Moi, quand je me chauffe, je n'aime pas qu'un tas de gens viennent me boucher la chaleur, surtout des enfants. Aussi, j'ai dit à la bonne : « Quand j'avais leur âge, il faisait très froid, bien plus froid qu'aujourd'hui. Pour me débarbouiller ? j'allais dans la cour, je cassais la glace à la pompe. Pour me chauffer ? jamais près du feu ! j'allais me frotter les mains avec de la neige. C'est ça qui réchauffe ! (Ce n'est pas vrai, mais c'est bon à dire devant les enfants.) » Les petits me regardaient avec de grands yeux, et ils allaient jouer dans un coin. Pauvres moutards ! çà me faisait de la peine, — mais ils sont forts comme des Turcs : ils me doivent leur santé.

Il faut être sérieux avec les enfants, surtout quand on veut être tranquille.

Tenez ! à déjeuner ou à dîner, les petits voulaient toujours du jus avec leur viande. Je leur disais : « A votre âge, je ne mangeais que des haricots, tous les jours, rien que des haricots. Le jus ça fait devenir vieux. » C'est une plaisanterie ; ça amuse à table. Les enfants ne comprennent pas, mais ça leur redresse l'esprit. Et je tendais mon assiette à madame Oscar : « Donnez-moi donc du jus ! » Madame Oscar avait l'air froid ; — mais c'était pour dissimuler ; — devant son mari, vous comprenez ! Lui aussi avait l'air froid, parce qu'il sentait le danger. Et il avait raison ; ça lui arrivera pour sûr... Pensez ! une si jolie femme ! Moi aussi j'ai senti le danger et j'ai voulu l'avertir. Un ami doit avertir — surtout pour ces choses-là.

J'étais souvent seul avec Oscar, — le soir, quand je rentrais de faire un tour après le dîner. C'est très bon de faire un tour après dîner ; et ma foi ! malgré mon amitié pour eux (un ami ne peut pas exiger qu'on soit toujours, toujours chez lui !), je sortais prendre l'air. Un soir, je rentre ; ma digestion était bien en train. Madame Oscar était allée se coucher (un mal de tête). Elle a souvent, ou *prétend* avoir mal à la tête quand je suis là : — c'est sans doute son mari qui l'ennuie. Oscar bâillait, bâillait. Il sentait le danger. Alors, j'ai voulu lui donner quelques conseils ; — mais des conseils d'ami.

Entre deux verres de bière (ils ont une bière brune excellente ; ça me fait digérer, le soir. Oh, l'ingrat !), je commence carrément par lui dire : « Je devine ce qui t'ennuie. Ta femme... toute jeune... jolie comme elle est... tu crains... — » « Qu'est-ce que je crains ? » Il avait l'air de ne pas comprendre (il est entêté).

« Ça t'arrivera, tu le sais, je le sais ; tu peux t'y attendre. Ecoute un conseil d'ami : ne t'occupe pas de ça... Pourquoi se faire du mauvais sang ? Tiens ! ta bonne n'est pas mal ; elle est très gentille, ta bonne. Je suis très tolérant, je n'en dirai rien à personne. Ça te distraira. »

Alors il m'a dit d'un air tout bête : « Je n'aime pas ces plaisanteries-là. » Et il m'a dit bonsoir. Il n'était pas minuit vingt-cinq ! L'ingrat !

Tant pis pour lui s'il ne veut pas comprendre. Oh ! il est entêté ! Et puis sa femme lui ferait avaler... des rognures de fer-blanc pour du macaroni. Et ils devenaient tous les deux de plus en plus froids avec moi. Madame Oscar ? c'était pour dissimuler. Oh ! les femmes ! Ainsi, elle faisait servir souvent de la purée de pomme de terre avec les côtelettes. Oscar aime la purée ; moi, je ne l'aime pas ; je l'avais dit souvent... mais j'ai compris qu'il fallait dissimuler et je n'ai plus fait d'observations. Cette vie-là a duré encore six mois !

Pauvre Oscar ! Il bâillait de plus en plus, sa femme avait de plus en plus mal à la tète ; — ça ne pouvait plus aller. Il fallait changer, mais changer à fond de manière de vivre. Alors, j'ai fait un plan, c'est celui que je soumettais à Oscar pas plus tard qu'aujourd'hui, je lui ai dit :

« D'abord, tu vas envoyer tes enfants en pension. Ils sont trop jeunes ! Je trouverai des pensions où on les prend très jeunes. C'est important, parce qu'il ne faut pas qu'ils voient ce qui va arriver ; car tu sais bien (ne fais pas la bête !) tu sais ce qui va t'arriver, pour sûr. Ta femme, si jeune, si jolie femme... »

Il a voulu m'interrompre, mais j'étais décidé à remplir jusqu'au bout mon devoir d'ami, et j'ai continué :

(*Très vite.*) « Tais-toi ! Le danger est imminent. Il peut venir des étrangers ; moi, je suis toujours à la maison ; je suis ton ami ; je suis discret ; personne ne saura rien. Je me charge de la chose ; tu seras tranquille, ta femme aussi. D'ailleurs, la bonne... (*iff !*) ça te distraira... »

Oscar s'est levé. Il avait l'air gai. Je croyais qu'il avait compris mon plan... Pas du tout ! Il m'a mis ses deux mains sur les épaules ; il m'a regardé dans les yeux ; il a poussé d'une main et tiré de l'autre ; ça m'a retourné, et... (*geste de coup de pied reçu*), je ne remettrai jamais les pieds chez eux !

(*Il sort digne.*)

LA SOURIS

Comédie en un acte

Par M. Armand DES ROSEAUX

Représentée pour la première fois à Paris, sur le théâtre du Cercle artistique et littéraire, le samedi 17 janvier 1880.

A mes bons amis COULON, souvenir de Londres. Juin 1879.

Armand DES ROSEAUX.

PERSONNAGES

Mme BERTHE DE SIVRAC,
jeune veuve.   Mlle MARIE THORCY.

M. ROBERT D'ALBINOS,
avocat, accent marseillais.   M. A. DES ROSEAUX.

Une voix, dans la coulisse.

LA SOURIS

Le théâtre représente un salon, croisée au fond, porte en pan coupé à droite, cheminée à droite avec cordon de sonnette, canapé, deux fauteuils, deux chaises, table à ouvrage à gauche.

SCÈNE PREMIÈRE

BERTHE. Elle entre précipitamment, tenant un panier de tapisserie rempli de laines ; elle le pose sur un fauteuil près de la porte, qu'elle referme vivement.

Justine, appelez le valet de pied, envoyez le cocher chercher des pièges, retournez le salon, fouillez l'antichambre, mais il me la faut, morte ou vive. *(Elle fait quelques pas, puis retourne à la porte.)* Surtout que personne n'entr'ouvre cette porte, vous entendez ? dussé-je rester ici huit jours sans manger ni boire ! Elle n'aurait qu'à s'y introduire : j'en deviendrais folle. *(Elle s'assied sur le canapé.)* Comprend-on cela ? Une souris, une souris chez moi, dans une maison neuve ! Mais c'est à ne plus vouloir demeurer qu'en ballon ! J'étais près de la fenêtre, tranquillement assise, faisant ma tapisserie. Me sentant les pieds un peu froids, je veux les mettre dans ma chancelière. Horreur ! Une affreuse petite souris s'en échappe en me sautant sur les jambes ; instinctivement je saisis mon panier de laines en poussant un cri, et pendant que Justine accourt, je traverse l'antichambre, la salle à manger, et me voilà. (*Prenant une petite glace sur la table, puis se levant.*) Dans quel état, grand Dieu! J'ai l'air d'une folle, et moi qui justement attends aujourd'hui M. d'Albinos, avocat à Carpentras ; prétendant des plus endurcis qui, depuis trois mois, m'accable de ses lettres et que j'ai toujours refusé de recevoir. Il a fini, je ne sais comment, par se faufiler chez la vieille baronne de Sisiphe, une tante à héritage, que je n'ai pas vue depuis huit ans ; il s'occupe, paraît-il, de ses affaires ; et c'est pour m'entretenir d'intérêts les plus graves qu'il a sollicité ce rendez-vous, que j'ai bien été forcée de lui accorder. C'est une ruse, sans doute, mais je vais lui dire franchement et une fois pour toutes que je ne veux pas me remarier... Je n'ai aucun ménagement à prendre avec ce monsieur... et sa correspondance pourrait me compromettre... Il me trouvera de belle humeur !... Au fait ! Comment le recevoir, s'il arrive avant qu'on ait pris cette effroyable bête?

UNE VOIX

Madame...

BERTHE

Elle est prise ?

UNE VOIX

Non madame. C'est un monsieur.

BERTHE

Qui est pris?

UNE VOIX

Non madame : c'est un monsieur qui veut absolument parler à madame.

BERTHE

Il ne manquait plus que ça ! (*A part.*) M. d'Albinos,
sans doute.

UNE VOIX

Voilà sa carte, Madame. (*Bruit de serrure.*)

BERTHE, courant vers la porte.

N'ouvrez pas, Baptiste, n'ouvrez pas ! Faites-la moi
passer sous la porte. (*Elle prend la carte.*) C'est bien lui !
Comment faire ? Je ne puis cependant pas le congédier
sans le recevoir : c'est moi qui ai fixé le rendez-vous et
il vient exprès de Carpentras... Puis quelqu'un près de moi
me rassurerait. Sa conversation me ferait oublier...
Oh! quelle idée ! Baptiste, dites à ce monsieur que
la serrure de ce petit salon est dérangée, qu'on est allé
chercher un serrurier et demandez-lui, pour ne pas trop
le faire attendre, s'il veut faire le tour par le jardin et
entrer... par la fenêtre. S'il accepte, vous le suivrez
avec la petite échelle de l'office. (*A part.*) De cette façon
je suis bien sûre que la souris ne s'introduira pas !

UNE VOIX

Bien, madame.

BERTHE, revenant à la cheminée.

Voyons, il s'agit de remettre un peu d'ordre dans ma
coiffure. (*Elle s'arrange.*) Car je ne mets pas en doute
une seconde que M. d'Albinos n'accepte d'escalader ma

fenêtre; l'échelle de Roméo pour une première entrevue!
Quel atout il va croire posséder dans son jeu! (*Allant
à la fenêtre.*) Là! qu'est-ce que je disais? Le voilà qui
tourne la grande allée... Il n'est pas mal... mais il a l'air
un peu ahuri... ma proposition sans doute. Le fait est...
Il n'est plus svelte par exemple... Oh! avec quel air désespéré il regarde l'échelle!... Si je devais me remarier,
autant lui qu'un autre. J'ai les meilleurs renseignements sur son compte. Loyal, brave, intelligent, mais
original. Enfin, c'est une affaire entendue, je veux
garder ma liberté et je vais le lui faire poliment comprendre. (*Elle ouvre la fenêtre.*) Je vous demande pardon,
monsieur.

D'ALBINOS

Mais, trop charmante dame, vous n'avez pas d'excuses
à me faire. C'est moi, tout au contraire, qui suis trop
heureux. (*A part, à la cantonade.*) L'échelle est solide,
mon garçon? bon, merci!... trop heureux, dis-je, d'entrer chez vous pour la première fois par où souvent on
voudrait en faire sortir tant d'autres.

BERTHE

Ah! monsieur! voulez-vous accepter ma main? (*Elle
lui tend la main.*)

D'ALBINOS

Charmant présage, belle dame, pour un homme qui
vient justement pour...

BERTHE, vivement.

Prenez garde, monsieur!

D'ALBINOS, enjambant la croisée.

Merci.

SCÈNE DEUXIÈME

BERTHE, D'ALBINOS.

D'ALBINOS, saluant. Il a un parapluie.

Madame.

BERTHE, saluant.

Monsieur.

D'ALBINOS

Laissez-moi vous remercier d'abord du sans-façon charmant dont vous avez bien voulu user avec moi.

BERTHE

Croyez bien, monsieur, que je suis au regret. C'est la faute de la sou... (*Se reprenant.*) du serrurier qui se fait bien attendre ; mais je vous sais si occupé et vous venez... de si loin pour... affaires si graves, que j'ai préféré vous offrir... (*Elle montre la fenêtre.*)

D'ALBINOS

L'échelle de salut. Hé ! je vous le répète, je suis loin de m'en plaindre. (*Il s'éponge le front.*)

BERTHE, s'asseyant.

Cependant vous paraissez essoufflé ; cette ascension a dû vous fatiguer. Prenez donc ce fauteuil.

D'ALBINOS

Je l'avoue, madame, je l'avoue, mais à vaincre sans péril on triomphe sans gloire. (*Il s'assied.*)

BERTHE

Nous y voilà... Ainsi donc vous m'apportez, monsieur, des nouvelles de ma bonne vieille tante la baronne... quelle charmante femme, quel esprit !...

D'ALBINOS

Telle tante, telle nièce, madame. Le lien du sang.

BERTHE

D'alliance tout au plus ; nous ne sommes parents que du côté de mon mari.

D'ALBINOS

Ah ! oui, au fait, je me souviens, cet excellent Sivrac me parlait de...

BERTHE

Vous avez connu mon mari ?

D'ALBINOS

Ah ! le pauvre ! (*Berthe fait un mouvement.*) Ce n'est pas qu'il fût pauvre, non, mais c'est l'usage qui le veut ! Je le connus tout jeune au collège d'Avignon, nous nous retrouvâmes ensuite à Aix où nous fîmes notre droit ensemble, mais, depuis lors, absorbé par les nombreuses occupations de mon ministère, je ne le rencontrai qu'à de rares intervalles. — Ah ! madame ! vous ne pouvez vous rendre compte des tracas d'une charge d'avocat au barreau de Carpentras.

BERTHE

Vraiment

D'ALBINOS

C'est incroyable, c'est incroyable, surtout quand on a, comme moi, réussi dans sa spécialité.

BERTHE

Et quelle est, monsieur, votre spécialité ?

D'ALBINOS

Les séparations de corps. Depuis mon arrivée à Carpentras, j'en ai plaidé cinquante-quatre.

BERTHE

Cinquante-quatre. Et vous en avez gagné ?

D'ALBINOS

Cinquante-cinq. Dans l'un des cas, il y avait un bigame ! Ah ! madame, ce fut une bien curieuse affaire ; le ministère public plaidait l'article trois cent quarante et j'allais perdre la partie, quand, saisi d'une inspiration subite : Arrêtez, m'écriai-je, vous allez condamner un fou, oui un fou, car quel autre qu'un fou, possédant déjà légalement une femme, peut avoir l'insenséisme de s'en attacher une seconde ? Voyons, messieurs les jurés, combien en est-il parmi vous qui, ayant eu le bonheur, le malheur, dis-je, de perdre leur femme légitime, consentent à en reprendre une autre ? Vous ne répondez pas ? Eh bien, messieurs, mon client en avait une parfaitement bien portante, et il a fait la folie d'en prendre une seconde. Allons ! vous voyez donc bien que vous avez affaire à un insensé et que ma cause est gagnée par avance... Qu'en dites-vous, madame ? (*Il se lève.*)

BERTHE, se lève et passe.

Je dis, monsieur, que vous avez là une singulière façon de parler du mariage.

D'ALBINOS

Et qui plus que le marin, belle dame, reste attaché à son rivage ? Mais c'est à force de séparer les autres que j'ai compris le bonheur qu'il y avait à s'attacher soi-même ; vous le savez de reste : depuis trois mois, je soupire après vous, comme le cerf altéré après l'eau des fontaines, je vous aime d'un amour immense, féroce et sombre, comme on sait aimer à Carpentras, enfin.

BERTHE, riant.

Ah ! mon Dieu ! ah ! mon Dieu ! il faut convenir que vous avez, vous autres méridionaux, une franchise véritable pour exprimer vos sentiments ; et je trouve que...

D'ALBINOS

A Carpentras, madame, rien n'arrête ; du premier coup on touche au but ; on franchirait les flots d'écume du torrent impétueux, on traverserait une forêt embrasée pour rejoindre la femme qu'on aime, on la disputerait aux fauves les plus féroces !

BERTHE

Oui, oui. Oh ! je suis persuadée que vous défendriez votre femme aussi bien que vous attaquez celle des autres. Mais pour moi, ma résolution est inébranlable : je ne me remarierai jamais. (*Elle repasse.*)

D'ALBINOS

Jamais ?

BERTHE

Jamais...

D'ALBINOS

Alors, madame, c'est un congé bien en règle que vous me donnez là, et je n'ai plus qu'à partir...

BERTHE

Oh ! non, monsieur, pas avant que vous ne m'ayez entretenu des intérêts graves qui motivent ce rendez-vous.

D'ALBINOS

Mon Dieu, après votre affirmation de tout à l'heure, je ne crois pas qu'il y ait d'arrangement possible sur la question qui nous divise et je vois bien que je n'ai qu'à regagner cette fenêtre. (*Il regarde la fenêtre.*)

BERTHE, préoccupée.

Pardon, pardon, monsieur, n'entendez-vous pas gratter à cette porte ?

D'ALBINOS

Le serrurier, sans doute. J'avoue que j'aimerais mieux la porte que la... (*Il montre la fenêtre.*)

BERTHE

Je ne crois pas, on dirait... (*A part.*) Si c'était cette horrible bête ?

D'ALBINOS, se dirigeant vers la porte.

Permettez, du reste, que je m'assure...

BERTHE, se précipitant.

Inutile, monsieur, je vais sonner. (*Elle sonne. A part.*)

Oh ! il ne faut pas qu'il me quitte ! Au besoin, il me pro-
tègerait. Mais asseyez-vous donc, cher monsieur !

D'ALBINOS, à part.

Qu'a-t-elle donc ? (*Haut.*) Vous paraissez troublée.

BERTHE

Moi ? Non, pas du tout.

D'ALBINOS

Une affaire imprévue, sans doute ?... Que ne le disiez-
vous de suite, belle dame ?... je pars.

BERTHE

Non, non, restez, monsieur, restez ! (*A part.*) Sa présence me rassure.

D'ALBINOS

Mais je serais au désespoir de vous déranger, madame,
et quoique ce chemin soit moins... (*Il se dirige vers la
fenêtre.*) Tiens ! on a enlevé l'échelle.

BERTHE, à part.

Bravo ! (*Haut.*) Vous le voyez, vous êtes mon prisonnier : résignez-vous. (*Elle écoute à la porte.*) J'entends
toujours le même bruit, et mes domestiques qui ne
viennent pas. (*Elle sonne et casse le cordon.*) Bien ! il
ne manquait plus que ça !

D'ALBINOS

Je vous assure, madame, que vous avez quelque
chose : vous paraissez souffrante.

BERTHE, impatientée.

Mais, monsieur, je ne me suis jamais si bien portée.

UNE VOIX

Madame a sonné ?

BERTHE

J'en ai cassé le cordon. Vous êtes donc sourd ?...
Eh bien, est-ce fait ?

UNE VOIX

Oh ! oui, madame. Justine a vu la chatte bondir sous
le canapé et s'enfuir avec sa proie sur la gouttière où,
du reste, on l'aperçoit encore.

BERTHE, ouvrant brusquement la porte.

Et vous ne me le disiez pas de suite ?... Pardon,
monsieur, pardon. (*Elle sort.*)

SCÈNE TROISIÈME

D'ALBINOS, seul.

Comment ! elle sort, elle me laisse seul pour aller sur
la gouttière voir son chat !... Et cette porte, qui tout à
l'heure... à cause du serrurier... et qui, maintenant...
Voyons, voyons, je n'y comprends plus rien, absolument
rien. Quelle drôle de maison ! Il y a une heure, je me
présente ; la porte m'étant fermée, on me fait grimper à
l'échelle par la fenêtre. — Je me crois arrivé et je risque
une déclaration : pas du tout, on me donne à entendre
que j'aurais dû rester au pied du mur... Je veux me
replier en bon ordre, on m'arrête. J'en profite alors pour
tenter un nouvel assaut, mais, repoussé avec perte, je
comprends que je n'ai qu'à redescendre par où je suis

3.

monté ; quand je me prépare à reprendre mon échelle, on l'enlève, et la porte, qui m'était fermée, est ouverte. Quelle drôle de maison ! c'est bien bizarre... bien biz...

BERTHE, à la cantonade.

Enfin, moi, je vous dis, Justine, que ce qu'elle tient entre les pattes ressemble bien plutôt à un de mes pelotons de laine qu'à une sou... Du reste, je vais compter les couleurs. (*Elle rentre et referme la porte.*)

SCÈNE QUATRIÈME

BERTHE, D'ALBINOS.

BERTHE, prenant son panier de laine sur la chaise.

Oh ! pardon, monsieur, si je vous ai laissé si long-temps. Une affaire de l'importance la plus haute.

D'ALBINOS, à part.

Haute... Elle dit ça à cause de la gouttière... (*Haut.*) Madame, j'attendais votre retour pour vous présenter mes hommages et vous renouveler tous mes regrets. J'ai bien l'honneur de vous saluer. (*Il se dirige vers la porte.*)

BERTHE, vivement.

Non, non, monsieur, n'ouvrez pas la porte !

D'ALBINOS

Comment ?

BERTHE

Restez, monsieur, restez ! je vous assure que votre conversation m'intéresse beaucoup, et, si vous voulez, pendant que je vais vérifier mon ouvrage, nous causerons ensemble. Voyons, asseyez-vous donc. (*Elle s'assied sur le canapé.*)

D'ALBINOS

Que je m'asseye ? (*Il prend une chaise.*)

BERTHE, comptant ses laines.

Oui, oui, je vous en prie. Nous en étions restés aux bêtes féroces, n'est-ce pas ? Vous êtes-vous jamais battu avec des bêtes féroces, monsieur d'Albinos ? (*A part.*) Cinq, six, sept...

D'ALBINOS

Oui, madame, une fois.

BERTHE, même jeu.

Vraiment, mais contez-moi donc ça, je vous en prie ! (*A part.*) Neuf, dix, onze...

D'ALBINOS

Volontiers... C'était en novembre, à Avignon.

BERTHE

A Avignon ! Ah ! mon Dieu ! Mais est-ce que vous avez des fauves à Avignon ?

D'ALBINOS

Les environs étaient infestés d'ours, de chacals et de hyènes, mais au temps des Romains ; à l'époque dont je vous parle, on y vit les mêmes animaux, mais en cage. Une superbe ménagerie s'était installée sur le cours

Saint-Michel et la foule s'y portait en masse. Un soir, pendant qu'un public attentif contemplait un énorme boa constrictor dévorant paisiblement un pauvre petit lapin, — un rugissement terrible se fait entendre. Je me retourne et j'aperçois à vingt mètres une lionne de la plus belle espèce qui, ayant, je ne sais comment, brisé les barreaux de sa cage, s'avançait majestueusement vers moi. La foule terrifiée a déjà vidé les tribunes; on s'écrase à la porte; seul, je n'avais pas bougé et j'attendais de pied ferme le terrible animal, armé du parapluie que voici, quand tout à coup...

BERTHE, qui suivait le récit en comptant ses laines, laisse tomber en ce moment son panier d'où s'échappe la souris, pousse un cri et s'évanouit.

Ah ! la voilà !

D'ALBINOS, qui, dans son récit, armé de son parapluie, est tourné à gauche, fait un bond et tombe en défense.

La lionne !... (*Se retournant.*) Ah ! mon Dieu ! elle est évanouie. — Mon histoire l'aura trop impressionnée ; la chaleur de mon récit... Madame ! (*Il tape dans les mains.*) Si elle eût été vraie encore !... Juge un peu !... Revenez à vous ! Ce que c'est que d'être orateur, tout de même ! Mais c'est qu'elle ne revient pas du tout. Que faire ?... La sonnette. (*Il regarde le cordon.*) Cassée. Ah ! je trouverai toujours bien de l'eau dans la salle à manger. (*Il sort.*)

SCÈNE CINQUIÈME

BERTHE, seule, elle se ranime.

Où suis-je ? Ah ! oui , je me souviens... Monsieur d'Albinos... parti... Que devenir ? Cette horrible bête va monter dans mes jupes. (*Elle se lève et va à gauche.*) Ah ! je la vois remuer. (*Elle grimpe sur une chaise près de la fenêtre.*) Là, du moins !...

SCÈNE SIXIÈME

D'ALBINOS, BERTHE.

D'ALBINOS, il entre avec une carafe d'eau.

Je n'ai trouvé que ça. (*Il va vers le canapé, regarde, et aperçoit Berthe sur la chaise.*) Ah ! mon Dieu ! elle est devenue folle !

BERTHE

Monsieur !

D'ALBINOS, reculant.

Madame.

BERTHE

Monsieur d'Albinos, vous êtes brave ?

D'ALBINOS

Oui, madame, certainement, mais... (*Il prend son parapluie.*)

BERTHE

Vous vous êtes battu contre des lions, vous n'avez peur de rien ?

D'ALBINOS

Non assurément, madame. (*A part.*) Pourquoi diable reste-t-elle sur cette chaise ?

BERTHE

Eh bien, au nom du ciel, monsieur, excusez-moi, mais je ne suis qu'une femme, et c'est plus fort que moi. Tuez-la, monsieur, tuez-la !

D'ALBINOS

Hein !

BERTHE

Ah ! j'étais bien sûre, monsieur, que c'était mon peloton qu'elle tenait dans ses griffes.

D'ALBINOS

Ses griffes ? La frayeur lui a fait perdre la tête!

BERTHE

Je l'ai vue, monsieur, je l'ai vue.

D'ALBINOS, à part.

Elle l'a vue, elle est plus avancée que moi. (*Haut.*) Où cela, madame ?

BERTHE

Sous cette chaise.

D'ALBINOS, fait un saut, puis se baisse, furetant avec
son parapluie.

Sous cette chaise ? Moi, je ne vois rien.

BERTHE

Je vous assure, monsieur, que je l'ai vue s'y cacher.

D'ALBINOS

Mais qui, madame, qui ?

BERTHE

La souris !

D'ALBINOS, devient pâle et grimpe sur la chaise de l'autre côté
de la fenêtre.

Sous cette chaise, vous avez dit ?

BERTHE

Une souris, monsieur, une souris !

D'ALBINOS

Madame, j'habiterais avec des crocodiles, je mangerais
avec des léopards, je coucherais avec un rhinocéros
mais il y a sur terre un animal qui a le pouvoir de me
paralyser, et cet animal, madame, c'est... c'est une souris. Appelez, madame, appelez !

BERTHE

Mais c'est impossible, monsieur ; mes domestiques
sont à l'extrémité de l'appartement ; ils ne pourraient
entendre, mais vous, monsieur, allez chercher quelqu'un,
je vous en prie.

D'ALBINOS

Madame, vous m'offririez 100,000 livres de rentes, le

régent de France ou la médaille d'amnistié, qu'il me serait complètement impossible de faire un mouvement, je vous le répète. Je suis pa-ra-ly-sé.

BERTHE

Nous ne pouvons pourtant pas rester dans cette position gênante. (*A d'Albinos qui regarde.*) La voyez-vous, monsieur ?

D'ALBINOS

Je ne vois rien, madame. Mais d'où diable est-elle donc sortie ?

BERTHE

De mon panier de laines, monsieur, où, sans doute, elle se tenait blottie. Ah ! il me semble que je vois remuer le rideau.

D'ALBINOS, qui avait baissé la jambe, la remonte vivement.

De quel côté, madame, de quel côté ? Je vous en supplie, si vous n'en êtes pas très sûre, ne dites rien... ces soubresauts me brisent. (*Il boit à la carafe.*)

BERTHE

Voyons, monsieur d'Albinos, vous m'aimez, dites-vous, vous m'avez demandé ma main... Eh bien, je vous jure que je vous l'accorde de suite si vous me débarrassez de ce maudit animal.

D'ALBINOS

Mon Dieu, madame, croyez bien que... par-dessus tout... et... que mon seul désir... mais je me connais, si je touchais à ce rongeur, je mourrais sur le coup et vous n'auriez pour époux qu'un cadavre.

BERTHE

Enfin, monsieur, il faut pourtant prendre un parti. Je commence à ne plus pouvoir tenir sur mes jambes. Si encore cette porte était ouverte, on pourrait nous entendre.

D'ALBINOS

Oui, c'est une idée... je vais essayer avec mon parapluie. (*Il fait des efforts avec son parapluie pour ouvrir la porte et l'ouvre.*)

BERTHE

Bravo ! Maintenant, effrayons l'animal et tâchons de le faire sortir. (*Elle jette son mouchoir.*)

D'ALBINOS

Rien ! à mon tour. (*Il ouvre son parapluie.*) Kis, kis.

BERTHE

Rien non plus. (*Elle frappe dans ses mains.*)

D'ALBINOS

Oh ! Attendez, j'ai une idée. (*Il imite le chat.*) Miaou-miaou. (*La souris traverse la scène et sort par la porte.*)

BERTHE

Tenez, la voilà, monsieur, elle est partie. Maintenant fermez la porte.

D'ALBINOS, descendant vivement, tire la porte.

Et Buffon qui prétend que l'instinct ne trompe jamais les animaux... elle m'a pris pour un chat!... L'histoire naturelle est à refaire. (*Il offre la main à Berthe.*)

BERTHE, descend et s'assied à gauche.

Enfin, nous voilà débarrassés de cette maudite bête !
Il était temps : je suis brisée de fatigue. Ah ! monsieur,
vous allez avoir une bien triste opinion de mon courage ?

D'ALBINOS

Et qu'oserais-je dire, moi, madame, qui n'ai pas su
maîtriser une impression instinctive au prix de ce que
je rêvais de plus cher au monde, de cette main que vous
m'avez offerte et que...

BERTHE, se levant.

Vous n'avez pas su conquérir... Bah ! c'est une affaire
manquée et probablement un grand bonheur pour nous
deux. N'en parlons plus.

D'ALBINOS

Soit... j'en suis indigne, je le sais, mais ce qui me
désespère, c'est que je vais partir en vous laissant croire
que je suis incapable de la moindre bravoure.

BERTHE

Oh ! j'ai trop bonne opinion de vous, monsieur, et si
j'en pouvais douter encore, je suis sûre que vous me
donneriez ici même la preuve du contraire.

D'ALBINOS

En quoi faisant ? madame. Décidez ! commandez ! je
le jure !

BERTHE

Mais tout simplement en reprenant pour vous en retourner (*Montrant la porte.*), de peur que l'animal ne

rentre (*Montrant la fenêtre.*), le chemin par lequel vous êtes entré ici.

D'ALBINOS

Ah! la fen...? parfait... Vous savez qu'on a ôté la petite échelle?

BERTHE

Oui, oui, je sais.

D'ALBINOS, se dirigeant vers la fenêtre.

Vous le savez?... (*Il mesure des yeux la hauteur, a l'air de prendre son élan sur lui-même, lève les yeux et soupire.*) Allons!... Pardon! une seule demande. Avez-vous une chambre d'ami avec un lit inoccupé?

BERTHE

Oui, monsieur, la chambre rose. Pourquoi?

D'ALBINOS

La chambre rose! Oh ! simple renseignement, madame. Comme je suis certain de me casser au moins une jambe, peut-être les deux, je tenais à être assuré d'un gîte pour une quarantaine de jours.

BERTHE

Quarante jours!

D'ALBINOS

Ou soixante, selon la fracture... Je vous prierai seulement de prévenir le chirurgien le plus tôt possible. (*Il fait mine d'enjamber la fenêtre.*)

BERTHE

Mais, monsieur, je m'oppose...

D'ALBINOS

Trop tard, Madame, j'ai juré. Dans Vaucluse on n'a qu'une parole. (*Même jeu.*)

BERTHE, le retenant par sa redingote.

Mais, monsieur, je ne veux pas, je ne veux pas.

D'ALBINOS

Madame, vous me prieriez à genoux, avec un cierge en cire, que vous ne parviendriez pas à me faire fausser ma promesse. Préparez la chambre rose, madame, ce ne sera pas long : soixante jours au plus. (*Même jeu.*)

BERTHE, de plus en plus effrayée.

Arrêtez! Mais puisque je vous rends votre parole, monsieur.

D'ALBINOS

Impossible, madame. Seule la femme a le pouvoir d'empêcher son mari de tenir son serment. Mais comme vous m'avez refusé votre main... A tantôt, madame (*Même jeu.*), à tantôt !

BERTHE, à part.

Je suis prise. (*Haut*). Allons, monsieur, puisqu'il le faut absolument ! (*Elle tend sa main.*)

D'ALBINOS

Vous acceptez? Oh! ivresse! (*Il lui baise la main.*)

UNE VOIX, au dehors.

Madame, c'est le petit chat qui a pris la souris.

BERTHE, regardant d'Albinos.

Je crois que les gros sont encore plus habiles.

D'ALBINOS

Merci! Que mettrai-je dans la corbeille?

BERTHE

Oh ! d'abord une souricière.

Fin.

LE FOU RIRE

Monologue en vers

Par M. Jacques NORMAND

Dit par Mme Jeanne SAMARY, de la Comédie-Française.

LE FOU RIRE

Que voulez-vous que je vous dise ?
C'est un défaut, je le sais bien !
Je comprends qu'on s'en scandalise...
Mais, sur l'honneur, je n'y peux rien.

Cela me prend sans que j'y pense,
Et le plus souvent sans raison...
Et je ris !... je ris !... Ça commence !
Pardon !... j'ai beau faire !... pardon !

C'est un frissonnement étrange
Qui grandit malgré mes efforts :
Qui me chatouille, me démange,
Me glisse tout le long du corps,

M'arrive aux lèvres, les dévore,
Les force à s'ouvrir malgré moi...
Allons, bon ! ça me prend encore !
Oh ! c'est trop fort ! Voyons ! tais-toi !

Croyez-m'en, c'est un vrai martyre,
Un grand tourment, presque un malheur !

D'abord, quand je me mets à rire,
Je deviens laide à faire peur.

Je fais une horrible grimace :
Mon nez, appendice mouvant,
Semble prêt, frétillant sur place,
A s'envoler au moindre vent.

Narguant mes tentatives vaines,
Ma bouche s'ouvre en entonnoir
Et montre des dents... très vilaines,
Ainsi que vous le pouvez voir.

Bref, j'ai honte... et dans ma colère
Je voudrais, en catimini,
Descendre à cinq cents pieds sous terre,
Et remonter... quand j'ai fini.

Ensuite, ma mauvaise chance
Fait que mon fou rire me prend
Justement quand la circonstance
Commande un sérieux très grand;

Et, quand tout ce qu'on veut me dire
Exigerait des airs penchés...
Bon ! je pars d'un éclat de rire
Au nez des gens effarouchés !

Une dame, hier, d'aventure,
M'apprend la mort de son mari,
Qu'elle exécrait — même en peinture !
Ce que j'ai ri ! ce que j'ai ri !...

L'autre matin, courbant la tête
Sous le poids des déceptions,
Un monsieur me dit sa défaite
Aux dernières élections.

Dans sa commune tout entière
Rien que deux voix — maigre régal :
La sienne et celle de son frère...
J'ai ri ! j'ai ri !... C'était très mal.

Enfin... vous n'allez pas me croire,
Lorsque rien n'est plus vrai, pourtant !
L'autre soir... — si drôle est l'histoire
Que je rougis en la contant...

Papa, qui se creuse la tête,
Cet hiver, pour me marier,
Me dit de me mettre en toilette
D'un petit air tout singulier.

Devant cet air énigmatique
Je doutais... doutes superflus !
« Cocher, à l'Opéra-Comique ! »
Dit papa. Je ne doutai plus.

En effet, pendant un entr'acte,
Par hasard, sans le moindre apprêt,
Un jeune homme — tenue exacte,
Gants blancs, habit noir — apparaît.

Par hasard on me le présente :
Par hasard on le fait asseoir :

Par hasard il me parle, et tente
L'éloge du *Domino noir*.

« Quelle musique enchanteresse...
« Bien française et fine en tout point ! »
— « Oh ! oui, monsieur ! » — « Quelle jeunesse !
« Un chef-d'œuvre ne vieillit point ! »

— « Oh ! non, monsieur ! » — « Pour moi, j'admire
« Cet esprit... ce talent... ce goût... »
« — Et moi, monsieur ! » — Maudit fou rire !
Voici qu'il me prend tout à coup !

— « Mademoiselle... » — « Ah ! ah ! » — « Je pense
« Que néanmoins vous aimez mieux
« La *Dame blanche*... » — « Ah ! ah ! » — « Silence ! »
Me fait papa, l'air furieux.

— « C'est une œuvre très délicate...
« Toujours jeune... un art inouï... »
Ah ! ah ! ah ! ah ! tant pis ! j'éclate
Au nez du jeune homme ébahi.

Devant cet accueil qui l'étonne
Saluant, tout interloqué,
Il s'en va : papa gronde, tonne.
Et le mariage est manqué !

Bah ! me direz-vous, point de peine !
Une autre fois, tout ira bien !
Hélas non ! car, j'en suis certaine,
Depuis ce fâcheux entretien,

A chaque nouvelle entrevue
Que papa me ménagera,
Dès l'abord, à première vue,
Mon fou rire me reprendra...

Si bien que même assez gentille
— Du moins à ce que l'on me dit ! —
Il me faudra demeurer fille,
Grâce à ce fou rire maudit !...

A moins qu'une incroyable chance
Ne m'offre un mari tout exprès
Qui veuille m'épouser d'avance...
Et me faire la cour après.

Bah ! pouvez-vous aussi prétendre,
Il est un moyen des meilleurs :
C'est, quand le rire va vous prendre,
De tourner votre esprit ailleurs,

Vers quelque sujet très étrange,
Bien fastidieux ou bien noir :
Le ministère — que l'on change, —
Le drame que chacun va voir.

Hélas ! ce moyen salutaire
Pour d'autres, mais pour moi mauvais,
Me produit l'effet tout contraire
A celui que j'en attendais ;

Car mon fou rire opiniâtre,
Transformant les aspects réels,

Me fait voir un drame... folâtre,
Et des ministres... éternels !

Non ! croyez-m'en : le mal empire
Quand on s'efforce à l'arracher,
Et le plus sûr moyen de rire
C'est de vouloir s'en empêcher.

Le sérieux, cela se garde
Autant que l'on n'y pense pas
Ainsi moi, que chacun regarde,
Je reste ici sans embarras :

Je parle en toute confiance :
Je ne ris pas !... mais qu'un moment
Je me trouve avoir conscience
De parler sérieusement...

Oui ! je rirais ! sans aucun doute...
Et tenez... et tenez... voilà...
Voilà que je me mets en route
Rien qu'en me figurant cela...

Ah ! ah !... j'aurais voulu vous dire —
Pourtant... mais... efforts superflus...
Ah ! ah ! ah ! ah ! je me retire...
Ah ! ah ! ah ! ah ! je n'en puis plus !

Elle sort en éclatant de rire.)

LA PART DE BUTIN

Comédie

Par M. Georges DE LÉTORIÈRE

A mon illustre ami,
M. ALEXANDRE DUMAS Fils,

Georges DE LÉTORIÈRE.

PERSONNAGES

Le commandant Georges Hubert.
La comtesse de Lanfeld.
Le baron de Volney.
La baronne de Volney.
Frantz.
Freeman, domestique.
Une maîtresse d'hôtel.

La scène se passe à Nice, dans un hôtel.

LA PART DE BUTIN

Salon ouvert au fond sur une véranda, ayant vue sur la mer. Fenêtre dans le pan coupé à droite; cheminée dans le pan coupé à gauche. Guéridon au milieu, table à droite, sièges, etc.

SCENE PREMIÈRE

GEORGES, FREEMAN.

GEORGES, appelant.

Freeman !

FREEMAN

Mon commandant !

GEORGES

As-tu tout préparé pour le départ ? Tu sais que c'est demain.

FREEMAN

Oui, mon commandant.

GEORGES

Toi, tu quitteras Nice après-demain et tu nous rejoindras avec le poney de Frantz. Aies-en bien soin, au moins.

FREEMAN

Oh! mon commandant, ça me connaît... On a apporté le nécessaire de monsieur Frantz, tout en argent! En voilà un seigneur! Comme on le gâte!

GEORGES

On le gâte?... Qu'a-t-il fait?... As-tu quelque chose à lui reprocher?

FREEMAN

Pour ça, non. Il est gentil... Mais ce n'est pas une vie pour mon commandant de rester toujours enfermé avec un mioche, comme une nourrice... Mon commandant! qui tournerait la tête de toutes les femmes, s'il le voulait.

GEORGES

Toutes les femmes, c'est peut-être beaucoup!...

FREEMAN

Dame!... ça s'est vu. Quand mon commandant était capitaine, je me rappelle qu'il recevait six lettres tous les jours. Il en écrivait cinq, et il répondait à la sixième par une visite. Oh! il avait mis de l'ordre dans tout ça! C'était classé, étiqueté... Il y en avait une qu'il ne voulait jamais voir que le vendredi. Elle a demandé le dimanche, il a refusé... Mon commandant ne se rappelle pas?... le vendredi, il était gai comme un pinson, parce qu'il n'avait rien à faire.

GEORGES

Eh bien! j'ai supprimé les cinq autres, et je suis gai tous les jours.

FREEMAN

Oh ! gai ! Si mon commandant n'avait pas son gamin, il ne rirait pas souvent ; mais ces enfants, ça vous amuse malgré vous !

SCÈNE DEUXIÈME

GEORGES, LA MAITRESSE D'HÔTEL, FREEMAN.

LA MAITRESSE D'HOTEL

Je me permets de venir demander un petit service à monsieur le commandant... Monsieur voudrait-il bien céder son salon à monsieur le baron de Volney ? C'est pour une dame de sa famille qui est souffrante. L'hôtel est rempli. Je n'ai pu donner que des petites chambres. Monsieur le commandant part demain ; j'ai pensé que cela ne le dérangerait pas beaucoup... Et j'ai fait espérer que...

GEORGES

Si c'est pour une personne souffrante...

LA MAITRESSE D'HOTEL

Oh ! oui, monsieur, une jeune dame qui paraît bien fatiguée !

GEORGES

C'est bon, madame ! Freeman, enlève les affaires de Frantz. Un peu vite...

FREEMAN

Oui, mon commandant.

LA MAITRESSE D'HOTEL

Merci, monsieur. (*Dans la coulisse.*) Vous pouvez entrer, monsieur le baron.

SCÈNE TROISIÈME

GEORGES, VOLNEY, FREEMAN, qui emporte les objets dans une
pièce voisine, pendant la scène.

FREEMAN, à part.

Ils avaient bien besoin de nous faire déménager,
ceux-là !

VOLNEY

Je veux vous remercier, commandant, de votre obligeance. Quand j'ai appris que ce salon appartenait pro-
visoirement à un officier d'état-major, j'ai bien auguré
de ma demande, sachant que la chevalerie française sort
aujourd'hui de l'Ecole Polytechnique.

GEORGES

J'ai bien peu de mérite, monsieur. Je fais mes adieux
à Nice demain matin ; j'ai aujourd'hui des courses et des
achats à faire, et je ne comptais guère rester ici. Mon
sacrifice est donc aussi court que léger.

VOLNEY

Votre bonne humeur y ajoute du prix. Je regrette,
commandant, que les hasards du voyage nous aient fait
rencontrer si tard, pour nous quitter si tôt... Voici ces
dames !

SCÈNE QUATRIÈME

GEORGES, VOLNEY, LA BARONNE, LA COMTESSE, FREEMAN.

VOLNEY

J'exprimais à monsieur le commandant Hubert... Ma
emme et ma uelle-sœur, commandant!

LA BARONNE

Nous nous joignons à mon mari, monsieur.

LA COMTESSE

Nous étions vraiment très mal, et, grâce à vous, nous
voici parfaitement.

GEORGES

. Madame, j'aurais désiré faire davantage pour vous
être agréable. (*Freeman laisse tomber plusieurs livres.*)

VOLNEY

Nous vous causons beaucoup d'embarras, et ce brave
garçon a double peine.

FREEMAN, grognon.

On est habitué à la peine...

GEORGES

Prends donc garde, Freeman !

LA COMTESSE, vivement.

Vout êtes Alsacien ?

FREEMAN

D'Alsace ; oui, madame.

LA COMTESSE

De quel village ?

FREEMAN

De Witburg, près Mulhouse.

LA COMTESSE, avec indifférence.

Ah !... (*Freeman ramasse ses livres maladroitement.*)

GEORGES

Allons ! Freeman, laisse tout cela, et va-t'en.

FREEMAN

Mais, mon commandant...

GEORGES

Si tu as oublié quelque chose, on aura la bonté de te le faire remettre.

VOLNEY

Bien volontiers.

GEORGES, saluant la comtesse.

Au revoir, madame ; je reste à vos ordres et à ceux de madame votre sœur. Disposez de moi, si je puis vous être bon à quelque chose. — Monsieur le baron, vous allez aux courses, sans doute ?...

LA BARONNE, vivement.

Il y en a donc, aujourd'hui ?

GEORGES

Certainement, madame, il y en a. Et ce sont les dernières de la saison... Il faut en profiter.

VOLNEY

Irez-vous ?...

GEORGES, souriant.

Oh! non, je ne suis pas un élégant. Et puis, je ne m'appartiens pas... A l'honneur de vous revoir. (*Il sort.*)

SCÈNE CINQUIÈME

VOLNEY, LA BARONNE, LA COMTESSE.

VOLNEY

Il est très bien ce commandant, n'est-ce pas ?... Il a une bonne idée. Si nous allions aux courses ?

LA BARONNE

Veux-tu, Marie ?

LA COMTESSE

Moi ?... aux courses ?... Tu n'y songes pas !

LA BARONNE

Ma chère petite sœur, il faut pourtant te distraire... Cela te rend malade d'être toujours enfermée.

LA COMTESSE

Je me distrais beaucoup et je sors encore plus, puisque nous devons aller jusqu'à Naples.

LA BARONNE

Nous n'irons pas, si cela t'ennuie.

LA COMTESSE, allant s'asseoir à droite.

Qu'est-ce qui m'ennuie ou m'amuse ? Rien ne m'est plus, plus ne m'est rien !

VOLNEY, à part.

Comme c'est gai ! (*La comtesse a ouvert machinalement une boîte à dessin, qui est restée sur la table. Volney embrasse sa femme, pendant que la comtesse reste absorbée.*)

LA BARONNE

Eh bien !... Qu'est-ce que vous avez ?...

VOLNEY

Ma petite femme, il y a bien longtemps...

LA BARONNE

C'est très mal !... Être heureux près de cette douleur ! . Regarde !...

VOLNEY

Ce n'est pourtant pas ma faute.

LA BARONNE

Vous n'avez pas de cœur !

VOLNEY

Je crois bien, tu l'as tout pris !... (*La baronne rit.*) Vous riez ! Vous n'êtes plus fâchée ?

LA COMTESSE

Mes pauvres amis, je suis bien ennuyeuse; j'abuse de votre dévouement.

VOLNEY

Mais non !... mais non ! Seulement, voyez-vous, ma chère sœur, à votre âge, et jolie comme vous êtes, vous avez tort de pleurer toujours. — Eh ! mon Dieu, tout se répare !

LA COMTESSE, regardant des petits dessins restés dans la boîte.

Il y a donc un enfant, ici ?... Ce commandant a donc un fils ?

VOLNEY

Pourquoi pas ?...

LA COMTESSE

C'est vrai ! — Pourquoi pas ? Tout le monde a des enfants... Il n'y a que moi qui n'ai plus le mien !

VOLNEY

Vous devriez vous remarier. Vous ne manquerez pas de prétendants. Le prince Scaletto voulait vous épouser l'année dernière. Un vrai gentilhomme, un grand nom, une grande situation... Cela vaut bien qu'on y pense.

LA BARONNE

Il a raison, Marie. Tu as vingt-huit ans. Est-ce l'âge des larmes éternelles ?...

LA COMTESSE

C'est pour cela que vous m'emmenez à Naples ?

LA BARONNE, souriant.

Il y a bien quelque chose comme cela.... Si tu voulais te laisser aimer, tu verrais ce que peut l'amour.

VOLNEY

L'amour médecin ! Il y a même une comédie de Molière qui porte ce titre-là. — L'amour, comtesse, vous ne savez pas ce que c'est...

LA BARONNE

Le général de Lanfeld était un homme trop grave pour une jeune femme... Tu as ta vie à recommencer.

LA COMTESSE

Mais mon amour à moi, l'aura-t-on jamais ?... Mais mon bonheur pourra-t-on me le rendre ?... Tout se résumait dans un seul être : mon enfant !... Aujourd'hui, il aurait sept ans ! J'ai rêvé de lui toute la nuit. Je le voyais tout petit, et puis grandi, charmant, tel qu'il serait si je l'avais encore ! Les hommes ne peuvent pas comprendre cela, qu'un enfant tienne toute la place dans le cœur d'une mère... C'est pourtant bien vrai !... Ils ont leurs affaires, leurs ambitions, leurs plaisirs ! Mais le petit qui n'est qu'à nous, le doux être qui gazouille le matin et qui s'endort le soir sur nos genoux, cet ange à qui on fait un nid ! — Savez-vous ce que c'est que d'être regardé par ces grands yeux, embrassé par cette petite bouche ? N'est-ce pas l'âme de votre âme ? Ne sentons-nous pas là, près de lui, des frémissements qui tiennent de l'amour, et des adorations qui ressemblent à la prière. Non, voyez-vous, quand l'enfant est parti, quand le berceau est vide, il n'y a plus rien ! rien !

LA BARONNE

Ma chère Marie, calme-toi !

LA COMTESSE, se levant.

Il ne fallait pas me parler de bonheur... Du bonheur,
à moi!... Et encore si j'étais sûre qu'il est mort? Je ne
le pleurerais pas avec cette amertume! Mais je ne suis
sûre de rien. Je ne sais pas... On m'a rapporté son petit
chapeau troué d'une balle... Est-ce une preuve, cela?

LA BARONNE

Hélas!... oui.

LA COMTESSE

Son pauvre petit corps, l'a-t-on retrouvé? Depuis
quatre ans, je pense tous les jours à cet affreux événe-
ment, et j'ignore encore si je dois pleurer mon fils ou le
chercher. J'ai demandé à tout le monde, j'ai répandu
mon or dans toutes les mains. — Vingt fois, mon cœur a
palpité d'espérance, et quand mes bras s'ouvraient enfin
à ce fils tant pleuré, c'est un inconnu qu'on y jetait!...

VOLNEY

Ma sœur, nous pouvons chercher encore! Nous par-
tirons, nous mettrons sur pied la police du monde en-
tier, et s'il est vivant, nous le saurons bien!

LA COMTESSE

Hélas! le trouverez-vous?... J'ai tant cherché, tant
écrit, tant prié Dieu de me le rendre! Que de fois, en
vidant ma bourse dans les mains d'un petit mendiant,
j'ai pensé : mon fils a peut-être froid, comme lui!... Il
chante peut-être de cette petite voix cassée! Je suis là,
avec des diamants plein mes écrins, et je me demande
si mon fils a du pain! Oh! c'est affreux!

LA BARONNE, allant à elle.

Marie !...

LA COMTESSE

Et puis, la misère, ce n'est rien encore, mais son cœur, mais son âme... qu'en a-t-on fait ? J'avais un ange : on peut me rendre un monstre. Toutes ces pensées-là, pendant mes nuits sans sommeil, je les roule dans ma pauvre tête, et je ne comprends pas comment ma faiblesse y résiste, pourquoi tant de tortures ne m'ont pas déjà tuée ?

LA BARONNE

Chère Marie ! je ne voudrais pas te voir garder un espoir insensé. Ton fils est au ciel ! Tu dois te résigner à la volonté de Dieu !

LA COMTESSE

Oui... je sais bien... on dit cela... Tu me crois un peu folle, n'est-ce pas ? Je ne suis pas où vous êtes tous. Je vis ailleurs, dans un impossible ! La raison, l'évidence appartiennent à ce monde. Le cœur d'une mère va plus haut ! Il entend des choses que vous n'entendez pas !.. (*A Volney.*) Pardon, mon ami, vous ne m'avez jamais vue ainsi, je me tais toujours... Je ne recommencerai pas... Emmenez votre femme aux courses. Sortez un peu. Je ne veux pas la garder prisonnière...

VOLNEY

Voulez-vous, Suzanne ?

LA BARONNE, à sa sœur.

Chère Marie, je resterai avec toi.

LA COMTESSE

Cela te fera du bien. Va, ma bonne petite sœur... Au revoir.

VOLNEY

Nous reviendrons très vite !

LA COMTESSE

Quand vous voudrez. (*Ils sortent.*)

SCÈNE SIXIÈME

LA COMTESSE, voix en dehors.

LA COMTESSE

J'avais besoin de solitude. Je ne sais pourquoi je suis si agitée, si inquiète aujourd'hui. (*Elle revient près de la table.*) Ces dessins d'enfant, comme c'est gentil !... Pauvre petite main inconnue qui as fait cela, je te remercie ! Tu m'as donné une minute d'illusion.

(Voix d'enfant, en dehors, qui chante une ronde.)
Qu'est-ce qui passe ici si tard,
Compagnons de la Marjolaine,
Qu'est-ce qui passe ici si tard ?... gai ! gai !...
(La Comtesse se lève et s'approche de la fenêtre.

LA COMTESSE

Cette voix ! Qu'est-ce que c'est que cette voix ?

LA VOIX

Chantez donc avec moi, vous autres !...

LA COMTESSE

Cette voix-là n'est pas pareille aux autres voix !...

5.

LES VOIX reprennent,

Qu'est-ce qui passe ici si tard,
Compagnons de la Marjolaine,
Qu'est-ce qui passe ici si tard?... gai ! gai !...

LA COMTESSE, elle écoute.

Plus rien !... Ils se taisent... Est-ce qu'ils sont partis?

FRANTZ, au dehors.

En rang!... Je vais vous commander, moi!...

LA COMTESSE, courant à la fenêtre et regardant.

C'est celui-là... qui parle, ce petit garçon tout blond...
Je ne vois pas son visage. Il se retourne!

UN ENFANT

Eh ! dis-donc, Frantz?...

LA COMTESSE

Frantz!... C'est lui... Oh ! c'est lui !... (*Appelant haut.*)
Frantz!... (*Les voix se taisent.*)

FRANTZ, toujours au dehors.

Qui m'appelle?

LA COMTESSE

C'est moi, mon enfant.

FRANTZ

Que voulez-vous, madame ?

LA COMTESSE

J'ai quelque chose à te dire, viens vite.

FRANTZ

Je ne peux pas... mon ami m'a dit de l'attendre ici.

LA COMTESSE

Qui est ton ami?

FRANTZ

Le commandant Hubert.

LA COMTESSE

Je vais lui parler... viens avec moi... (*Elle va sortir, le commandant paraît.*)

<h2>SCÈNE SEPTIÈME</h2>

FREEMAN, GEORGES, LA COMTESSE.

GEORGES

Pardon, madame, j'ai oublié...

La COMTESSE, courant à lui et l'attirant à la fenêtre.

Monsieur, cet enfant qui vous appelle son ami, à qui est-il?

GEORGES

Madame...

LA COMTESSE, violemment.

Vous n'êtes pas son père?

GEORGES

Je n'ai jamais dit que je l'étais.

LA COMTESSE

Vous l'avez trouvé pendant la guerre?

GEORGES

En effet.

LA COMTESSE

A Freschwiller?

GEORGES

Non, madame.

LA COMTESSE

Non? Où donc?... Mais cet enfant, c'est le mien!...

GEORGES

Freeman ! va auprès de Frantz... (*Freeman sort.*)

SCÈNE HUITIÈME

GEORGES, LA COMTESSE.

LA COMTESSE, très émue, se soutient à peine. (Georges approche un fauteuil pour elle.)

Monsieur, j'ai perdu mon enfant pendant la guerre, j'ai bien le droit de vous demander où vous avez trouvé celui-ci.

GEORGES

Je vais vous répondre, madame. Le lendemain de la bataille de Freschwiller, on avait incendié un village, Saint-Valfrey. J'étais accouru pour porter secours aux paysans. L'enfant restait seul, vivant, au milieu des décombres. Je ne sais par quel miracle... Je le vois encore avec ses vêtements blancs, ses cheveux blonds, ses grands yeux épouvantés. Il ne criait pas, il n'appelait pas... Je le pris dans mes bras, je l'emportai dans ma tente... c'était ma part de butin...! depuis, il ne m'a pas quitté.

LA COMTESSE

Et ses parents, vous n'avez pas cherché?

GEORGES

J'ai fait ma déclaration au maire du village. Dans de
pareils moments, pense-t-on à tout?

LA COMTESSE

Eh bien, moi! je suis la comtesse de Lanfeld.

GEORGES

La veuve du général?...

LA COMTESSE

J'habitais Freschwiller. Mon mari a demandé à voir
son fils le matin de la bataille. En revenant, Frantz ne
parlait que de son père... Il a voulu peut-être retourner
près de lui. Il a disparu! Je ne comprends pas que vous
n'en ayez rien su.

GEORGES

J'ai été blessé, fait prisonnier, deux jours après. J'ai
confié l'enfant à mon ordonnance qui me l'amenait tous
les matins. Pauvre petit! Il apportait son sourire à ma
douleur. Je l'avais arraché à la mort... Il me semblait
qu'à mon tour je lui devais la vie!

LA COMTESSE

Monsieur, vous ne doutez plus qu'il soit à moi. Ap-
pelez-le, que je l'embrasse.

GEORGES

Il me faut pourtant d'autres preuves que celles d'une
douleur qui peut s'égarer.

LA COMTESSE

Des preuves?... Mais vous les avez toutes!... Il s'appelait Frantz, il avait trois ans, il portait des vêtements blancs, vous l'avez trouvé le jour de la bataille...

GEORGES

Le lendemain seulement... et à quatre lieues!...

LA COMTESSE

A quatre lieues!... C'est bien facile à comprendre! Un autre l'aura emmené avant vous... ou bien, il se sera perdu en voulant retrouver sa route. Allez le chercher, allez le chercher, je le veux!... Je vous en supplie!

GEORGES

Il ne vous a pas reconnue!

LA COMTESSE

Il était si petit... les enfants oublient!... Mais vous verrez qu'il me reconnaîtra!

GEORGES

Si vous vous trompiez !

LA COMTESSE

Est-ce que les mères se trompent?... Tout me dit que c'est lui! Je lui parlerai, je réveillerai sa mémoire. Laissez-le venir. Ne me refusez pas cela !... Au nom du ciel, vous ne pouvez me refuser cela !

GEORGES

Je vais l'appeler : mais permettez-moi de l'interroger moi-même. (*Il va à la fenêtre.*) — Frantz, viens!...

LA COMTESSE, à part.

Mon Dieu! après tant de larmes! Est-ce bien vrai, un tel bonheur?

SCÈNE NEUVIÈME

LES MÊMES, FRANTZ.

La comtesse court à Frantz, Georges l'arrête d'un geste et prend l'enfant par la main.

FRANTZ

Me voilà!

GEORGES

Frantz! écoute-moi bien. Te rappelles-tu l'Alsace? Comment était ta maison de Freschwiller!

FRANTZ

Oh! je ne sais pas!

GEORGES

Te souviens-tu comment était ta mère?

FRANTZ

Maman était bien belle!

GEORGES

Comme madame?..

FRANTZ

Oui.

LA COMTESSE, s'avançant, très émue.

Tu ne te rappelles pas le rocher dans le jardin et l'étang où j'avais toujours peur de te voir tomber?

FRANTZ

Je me rappelle un grand chien noir.

LA COMTESSE

Sultan?...

FRANTZ

Oui, Sultan.

LA COMTESSE, s'emparant de Frantz.

Tu le verras encore! Vous l'entendez, monsieur?

GEORGES

Frantz, madame dit qu'elle est ta mère. Tu vas rester avec elle....

FRANTZ, allant à lui.

Oh! mon ami, ne me quitte pas!

LA COMTESSE

J'avais tout prévu, excepté cette douleur!... Mon fils vit, mais je suis morte pour lui! Un étranger est venu et je ne suis plus rien!

FRANTZ, allant à elle.

Ne pleurez pas! ça me fait de la peine!

LA COMTESSE, assise.

Voyons, ce n'est pas possible qu'il n'y ait pas d'autre

souvenir dans cette petite tête... Frantz, tu es allé voir ton père au camp... te rappelles-tu?... il y avait des soldats?

FRANTZ

Oui, il y avait des soldats, des drapeaux...

LA COMTESSE

Comment t'es-tu perdu?... dis-le...

FRANTZ

Oh! je ne sais plus... J'ai entendu beaucoup de bruit, j'ai vu beaucoup de feu!

LA COMTESSE

Tu as dû passer par une brèche qui était dans le mur du jardin.

FRANTZ

Je ne sais pas, j'ai eu bien peur!

LA COMTESSE

Te rappelles-tu une chanson que je te disais le soir? Ecoute. (*Elle chante.*)

En revenant des noces,
J'étais bien fatigué...
Au bord d'une fontaine
Je me suis arrêté,
La, la, la, la, la.

FRANTZ, montant sur ses genoux.

Chantez encore.

LA COMTESSE

Au bord d'une fontaine
Je me suis arrêté

Et l'eau était si belle
Que je me suis baigné
La, la, la, la, la.

FRANTZ

Oui... il y avait un oiseau.

LA COMTESSE

Le rossignol dans l'arbre
Ne faisait que chanter :
Chante, rossignol, chante

FRANTZ, continuant.

Mon ami va passer,
La, la, la, la, la.

LA COMTESSE, avec explosion

Tu te rappelles?... mon Frantz!... Prenez-le moi donc
à présent... La, la, la, la, la.

SCÈNE DIXIÈME

LES MÊMES, VOLNEY ET SUZANNE.

LA COMTESSE, à sa sœur.

Suzanne, j'ai retrouvé mon fils !

SUZANNE

Ah ! quel bonheur !

VOLNEY

Ah ! ma femme, que je suis content ! (*Il l'embrasse.*)

SUZANNE

Qu'est-ce que vous faites?

VOLNEY

Je me dédommage.

LA COMTESSE

Voyez, Volney, comme mon fils est beau!

VOLNEY

C'est vous qui êtes belle! Comtesse, vous êtes trans-
figurée...

GEORGES

Adieu Frantz!

FRANTZ

Ah! mon ami, ne t'en va pas.

VOLNEY

Mais non.

SUZANNE

Ah! monsieur, que de reconnaissance!

LA COMTESSE

Monsieur, comment vous remercier?

GEORGES

Ne me remerciez pas, madame, remerciez le droit, la
loi, Dieu qui vous a faite sa mère, mais pas moi! Je ne
vous l'ai pas rendu, vous me l'avez repris!

FRANTZ, allant à Georges.

Tu es fâché, mon ami?... (*La comtesse se lève.*)

GEORGES

Non, Frantz... Adieu!

FRANTZ

Mon ami, je pars avec toi.

GEORGES

A présent, tu as ta mère... Adieu!

FRANTZ

Mon ami!... mon ami!...

GEORGES

Frantz, c'est ainsi! nous devons nous quitter!

FRANTZ

Emmène-moi : maman viendra avec nous.

GEORGES

C'est impossible! Cher petit, sois raisonnable.

VOLNEY, à la comtesse.

Allez-vous le laisser partir sans un mot de reconnaissance ?

LA COMTESSE

Je l'ai remercié déjà.

SUZANNE

Oh! si peu !

VOLNEY

Trop peu!... Ce qu'il a fait vaut bien une parole!

SUZANNE

Si Frantz reste ici, il retiendra le commandant.

LA COMTESSE

Tu as raison. Eloigne-le.

SUZANNE, allant à Frantz.

Frantz, écoute : ta maman va causer avec le commandant... viens cueillir un beau bouquet pour elle.

FRANTZ, à Georges.

Je veux bien. Tu ne t'en iras pas ?

GEORGES

Je te le promets.

FRANTZ

Bien sûr ?...

GEORGES

Je te le promets.

FRANTZ

Bon !... la, la, la, la, la.

(Ils sortent.)

SCÈNE ONZIÈME

LA COMTESSE, VOLNEY, GEORGES.

GEORGES

Voilà la première fois que j'aurai manqué à une promesse que je lui ai faite... Je n'ai jamais menti à l'enfant
pour qu'il ne mente jamais.

LA COMTESSE

Vous avez eu raison..

GEORGES

Adieu, madame.

LA COMTESSE

Au revoir, monsieur. Vous nous donnerez de vos nouvelles et je vous enverrai de celles de Frantz.

GEORGES

Excusez-moi, madame : il me faudra du silence pendant bien longtemps... Plus tard, si j'ai du courage, je viendrai le voir.

LA COMTESSE

Mais lui, que dira-t-il ?

GEORGES

Vous serez là... Qu'est-ce que son vieux frère disparu à côté de sa jeune mère retrouvée...

FRANTZ, en dehors.

Mon ami est toujours là ?

GEORGES

Je vous prierai, monsieur, de ne pas laisser rentrer Frantz...

VOLNEY, toujours au fond.

Est-il permis d'aimer comme cela les enfants des autres !.. Mariez-vous, vous serez consolé très vite.

(Il sort.)

SCÈNE DOUZIÈME

LA COMTESSE, GEORGES.

LA COMTESSE

Oh ! le cruel enfant ! il ne pense qu'à lui !

GEORGES

Frantz m'aime beaucoup, n'est-ce pas, madame ? vous
en souffrez, je l'ai compris. L'enfant... ne me reverra
jamais ! Je vous en donne ma parole.

LA COMTESSE

Comme vous dites cela !... Que comptez-vous faire ?

GEORGES

Rien qui soit indigne de moi, ni du souvenir que je
veux laisser à Frantz. Mais je ne dois pas me retrouver
près de lui. J'ai tant aimé ce petit être que cela me
permet de deviner ce qui se passe dans un cœur de
femme... Vous m'en voulez presque... Ce n'est pas un reproche... Cette sainte jalousie, je l'aurais éprouvée peut-
être, je la respecte, je m'incline devant elle... et je m'en
vais.

LA COMTESSE

Monsieur !

GEORGES

C'est à vous maintenant à faire le reste et à lui apprendre à m'oublier. Ce sera facile.

LA COMTESSE

Monsieur... je n'enseignerai pas l'ingratitude à mon fils.

GEORGES

Il ne me doit rien !... Pauvre petit ! Dans les premiers temps, j'en étais embarrassé ! Et puis, il m'a fallu l'aimer, parce qu'il n'avait que moi... et les enfants, c'est si bon, c'est si vrai, cela rend si bien tout ce qu'on leur donne !

LA COMTESSE

Vous avez souffert ?

GEORGES

Oui, autrefois... Ensuite, j'ai fait des folies, tout cela est loin.

LA COMTESSE

Vous ne pouvez pas vous en aller d'ici où vous laissez le bonheur, en n'emportant que des regrets... Vous n'avez pas une mère, une sœur ? je serai leur amie.

GEORGES

Je n'ai personne au monde.

LA COMTESSE

C'est vous qui devez m'en vouloir !

GEORGES

Pourquoi, madame ? Ce n'est pas votre faute. Vous êtes sa mère, vous le reprenez, c'est bien naturel ! N'ai-je pas été coupable, puisque j'ai mal cherché ! Pendant que vous pleuriez, j'étais heureux. Combien de joies je lui ai dues!... Je n'ose dire cela qu'à vous, madame : il n'y a que vous qui puissiez me comprendre! Oui!..... en regardant aller et venir cette petite tête blonde, j'avais envie de lui crier : Merci! Se croire un cœur blasé, fermé, et sentir tout à coup une place ouverte au bonheur et à la souffrance, cela fait du bien, n'est-ce pas ?

LA COMTESSE

Quel vide l'enfant va faire dans votre vie ! Je juge de votre douleur par celle que j'ai éprouvée. Je ne suis pas une ingrate, croyez-le. Hier, si on était venu me dire : Un homme a trouvé votre fils, il l'a protégé, soigné, chéri pendant quatre ans, il va vous le rendre !... Qu'est-ce que vous allez faire pour cet homme ?... Eh bien !... Commandant, qu'est-ce que je n'aurais pas fait?... Disposez de moi, je suis à votre merci... L'immensité du bienfait est telle qu'il n'est pas en mon pouvoir de le reconnaître !

GEORGES

Madame, cette parole-là m'a payé.

LA COMTESSE

On vous reverra ?

GEORGES

Je tâcherai.

FRANTZ, rentre en courant, suivi de Suzanne et de Volncy.

Ah ! tu ne t'es pas en allé, c'est bien.

SCÈNE TREIZIÈME

LES MÊMES, FRANTZ, SUZANNE, puis VOLNEY.

LA COMTESSE

Frantz ! Ton ami veut partir..

FRANTZ

Oh ! mon ami, ne nous quitte pas !...

LA COMTESSE

Dis-lui de revenir bientôt... dis-lui que tu l'aimeras toujours.

FRANTZ, allant à Georges.

Oh ! oui, je t'aimerai toujours.... Papa !

GEORGES

Frantz !... tais-toi !...

VOLNEY

Il a bien dit !

SUZANNE

Oui, il a bien dit !... Il a prononcé le seul mot qui pouvait vous payer quatre ans de sacrifices ; nous ne savions comment vous remercier... c'est l'enfant qui s'en est chargé. (*Bas à sa sœur.*) N'est-ce pas, Marie ?

LA COMTESSE

Commandant, vous reviendrez, je vous en prie. Il faut achever votre œuvre et m'aider à faire un homme de l'enfant. Dites ? voulez-vous ? Frantz doit rester entre nous... Dieu vous l'a donné, je ne puis pas vous le reprendre.

GEORGES

Ah ! madame, est-ce possible ?

LA COMTESSE, à Frantz.

Tu peux l'aimer sans le perdre : appelle le toujours papa !

FRANTZ

Je veux bien, moi !

LA COMTESSE

Eh bien ! on ne vous la prend pas, votre part de butin !

VOLNEY

C'est sa part de paradis. Quel bonheur ! je pourrai embrasser ma femme sans remords. (*Il l'embrasse.*)

Rideau.

LE PREMIER PAS

Monologue

Par M. le Comte W. SOLLOHUB.

6.

PERSONNAGES

MADAME ***

JOSEPH, DOMESTIQUE, personnage muet.

LE PREMIER PAS

Joseph! faites atteler la petite voiture... Vous direz à mon mari, quand il rentrera, que je suis allée chez ma mère... Au fait, non! Joseph! c'est inutile... je ne sortirai pas... Ah! j'oubliais, si par hasard M. de Fortigny se présentait, vous direz que je suis souffrante... mais poliment, entendez-vous... Vous n'éclairerez pas le salon. Je resterai ici... Allez... (*Le domestique sort.*)

Je ne sais ce que j'ai aujourd'hui : de ma vie je n'ai été aussi agitée... M. de Fortigny viendra... c'est sûr... Si je le reçois, il me parlera de nouveau de son amour!... Je lui dirai de se taire, il me désobéira, je me fâcherai, il demandera pardon, je pardonnerai et il recommencera. Voilà deux semaines que cela dure... c'est insupportable. (*Souriant.*) Est-ce insupportable, au fond ?...

Il y a quelque temps je m'ennuyais à périr... maintenant je ne m'ennuie plus!... D'ailleurs, j'ai fait mon devoir d'honnête femme. J'ai dit à mon mari que je plaisais à M. de Fortigny et que M. de Fortigny ne me déplaisait pas... Ma conscience a le droit d'être tranquille... Eh bien, mon mari n'est pas jaloux, conçoit-on cela! Faut-il que les maris gâtent toujours le mariage... Paul, qui était si gentil, si élégant, si passionné, est devenu un

homme sérieux... Il parle du bien public, des tendances
de l'époque, du progrès humanitaire, de ses devoirs de
citoyen... Je vous demande un peu ce que cela signifie, des devoirs de citoyen quand on est marié... C'est
donc vrai que l'amour s'endort dans le bonheur!... Paul
s'exerce à l'art oratoire, il lit des ouvrages assommants,
il fume, il baille, il dort... Je suis bien malheureuse!...
Une chose m'inquiète... Il a pris l'habitude d'aller au
cercle... Il prétend que c'est pour parler politique...
mais, comme toujours, la politique n'est qu'un prétexte
pour les passions. Paul joue... Il a le vice du jeu... Il m'a
avoué qu'il a gagné hier quinze mille francs... Il m'a
proposé une parure... J'ai demandé des turquoises...
C'est si joli des turquoises avec une robe blanche... Les
voilà bien ces hommes, ils se croyent tout permis... Et
nous, tout nous est défendu... Les plaisirs sont pour les
hommes, les devoirs sont pour les femmes. Nous avons
le ménage, la monotonie et les enfants... J'adore mon
fils par exemple... A sa dernière maladie, j'ai failli devenir folle... mais je crois que je l'aime plus par les in-
quiétudes que par les joies qu'il me donne!... Ah oui!
on nous permet encore d'avoir des bibelots dans nos
chambres... de nous habiller quelquefois... et de dire
le contraire de ce que nous voudrions.

Que vais-je faire maintenant?... Si j'écrivais des pen-
sées dans mon journal... Non! c'est bête comme tout...
Si je recevais M. de Fortigny!... Il est si gai et si tendre...
Je m'amuserai bien... mais non, c'est impossible!... Je
ne me fâcherai peut-être pas assez sincèrement... Je vais
faire de la tapisserie... ma rose bleue avec du feuillage
blanc... C'est cela... c'est l'impossible... c'est ce que je
rêve... (*Elle se met à broder.*)

Je voudrais bien connaître un grand philosophe pour le rendre juge d'une discussion que j'ai eue l'autre jour avec mon mari...

Paul prétend que sur les pentes dangereuses le premier pas est le pas décisif et que les autres se font d'eux-mêmes...

Moi je soutiens... que, lorsque l'on a des principes, on peut toujours s'arrêter à temps... Ainsi, j'ai de grands chagrins, de grandes déceptions dans la vie... Mon mari est jeune... mon mari est beau... et, Dieu merci! riche... spirituel... Mon mari n'aime que moi... mais il est mon mari... Dans le monde il fera plus attention à la première sotte bien attifée qu'à son épouse légitime... Il me laissera seule des soirées entières... Dernièrement, il m'a dit : « Ma chère enfant... sais-tu que j'engraisse!... Décidément je crois que je prends du... » Oh ! avec des mots semblables... l'idéal est mort !... le bonheur n'est plus possible !...

Eh bien, il faut prendre son parti!... L'amour est un entraînement... Le mariage est une position... Quand on remplit les devoirs de sa position... on fait ce qu'on peut... Aujourd'hui, par exemple, j'ai joué une heure avec mon fils, j'ai travaillé avec ma couturière, j'ai payé mes gens... j'ai fait trois visites... j'ai veillé au dîner... j'ai tâché que mon mari soit content... mais j'ai pensé à un autre... Est-ce ma faute? et quel mal peut-il y avoir... puisque je ne vais pas plus loin.

Quand M. de Fortigny me parle, je sens que son âme est suspendue à ses lèvres... sa voix, son regard, son geste, sa tenue... tout est un hommage... Certes, je ne lui ai donné aucun espoir... mais on est femme, après tout!... la reconnaissance n'est pas un crime...

Je crois pourtant que j'ai franchi le premier pas, le pas décisif, comme dit mon mari...

Hier, j'avais au bal un bouquet qui n'était pas d'une provenance très régulière... Par distraction, je l'ai porté à mon visage... Alors, M. de Fortigny m'a jeté un coup d'œil... qui m'a donné le frisson... c'est très mal cela... Le voilà, ce malheureux bouquet!... il est charmant... j'ai oublié de le faire emporter.

Ce matin, je l'ai vu de nouveau... ce M. de Fortigny... je ne sais comment cela se fait, mais il devine toujours où je suis... J'étais dans un magasin, à choisir des étoffes... tout à coup, j'entends une voix... — Je crois, madame, que la rose brochée vaudrait mieux que la rouge bordeaux... Je me mets à rire, et nous voilà disant des folies... — Vous vous entendez donc en chiffons?... — Mais certainement, madame, j'étais né pour être marchand de modes... J'ai sur la coupe des robes des convictions inébranlables... — Vraiment!... je serais curieuse de les connaître... — Qu'à cela ne tienne, madame, si vous le voulez bien... j'aurai l'honneur de venir chez vous ce soir, pour vous exposer ma théorie... Il a dit cela si simplement... que j'ai été prise à l'improviste... et j'ai répondu : Eh bien... venez!...

Mais c'est le second pas, cela... il est arrivé si naturellement après le premier, que je n'y ai pas pensé... non!

C'est impossible... je ne le recevrai pas... C'est dommage!... mais je ne le recevrai pas!... Et mon mari, qui soutient qu'on ne peut pas s'arrêter quand on veut... Eh bien, il ne tient qu'à moi de passer une soirée charmante... et je ne veux pas... je passerai une soirée insipide... à pleurer d'ennui... mais je me prouverai que j'ai de la volonté. (*Joseph entre avec une lettre sur un plateau.*)

Qu'est-ce que cela signifie?... Est-ce qu'on veut forcer ma porte?... Une lettre de mon mari!... Que peut-il m'écrire?...

« Ma chère amie,

« Je t'ai confié un portefeuille contenant 50,000 francs;
« il est à droite dans le second tiroir de ton secrétaire;
« remets-le à Joseph au plus vite pour qu'il me l'apporte
« au cercle...

« J'ai ce soir une déveine abominable!... mais la nuit
« est encore longue... J'espère me rattraper... J'attends
« avec impatience...   Paul. »

Ah! c'est comme cela!... (*Elle prend le portefeuille et le remet à Joseph.*) Tenez, Joseph, allez porter cela à Monsieur... Il n'y a pas d'autre réponse... Dépêchez-vous!...

Quelle vilaine chose que cette passion du jeu... Quand elle vous empoigne, on risque tout : sa fortune, son honneur, sa famille, sa vie!... Paul n'a jamais joué jusqu'à présent... et voilà tout à coup que cela l'a pris comme la fièvre...

Mais comment ne pas être assez maître de soi... quand on sait qu'on fait le malheur de ceux qui vous entourent... Je suis outrée!... me voilà seule ici à me sacrifier pour lui... et, pendant ce temps, Monsieur est comme un homme ivre, il ne sait plus ce qu'il fait, où il va!... Il a les yeux hagards, le regard farouche; il jette à des escrocs son or à pleines mains... Il est affreux!... Je le déteste.

Qui sait! demain nous serons ruinés peut-être... Non,

c'est impossible... il s'arrêtera... il a un fils... Je suis stupide de m'inquiéter... c'est un homme du monde, voilà tout... J'ai donc aussi le droit d'être une femme du monde... Il aura des passions... J'aurai des caprices... Pourvu que ma conscience ne me reproche rien... On pourra dire de moi ce qu'on voudra... cela m'est bien égal !... Ah ! monsieur Paul... vous m'abandonnez... vous faites la cour à la dame de pique et à la dame de carreau... et vous croyez que je resterai comme une musulmane dans un harem, à compter la lune et les étoiles en pensant à vous... Vous parlez de progrès humanitaire... Eh bien, moi aussi... j'en veux du progrès humanitaire... Je vais faire éclairer mon salon... je recevrai M. de Fortigny... nous parlerons politique, mode... dévouement et amour !... De quoi peuvent parler une jeune femme et un homme jeune ?... et cette fois j'écouterai... Je ne dirai pas oui... mais je ne dirai pas non... D'ailleurs, nous resterons dans les généralités... Fortigny me racontera sa vie... Je me plaindrai de mon mari... cela doit être si bon de se plaindre de son mari, quand on est furieuse... (*Elle sonne.*) Joseph... Il ne doit pas être encore de retour !... non ! Le voilà !... quelle figure bouleversée !... qu'avez-vous donc, Joseph ?... Une lettre ! encore... Paul a de nouveau perdu, j'en étais sûre... cela ne pouvait pas manquer, Joseph, sortez !... ne me regardez pas... (*Elle lit.*)

« Je ne sais pas comment reparaître devant toi... J'ai
« eu un vertige... un accès de folie... Nous étions au
« lansquenet... on joue toujours quitte ou double... je
« perdais 600,000 francs... j'ai voulu tout regagner d'un
« coup... j'ai perdu !... j'ai encore tenu le coup suivant...
« Tout tournait autour de moi... j'ai crié : Quitte ou dou-

« ble... j'ai perdu !... Nous sommes ruinés... ce que
« nous avons est à peine suffisant pour payer les
« 2,400,000 francs que je viens de perdre... J'ai été en-
« traîné graduellement dans un gouffre, parce que je n'ai
« pas su me maîtriser dans le commencement... Réponds-
« moi... que dois-je faire? »

Comment, ce qu'il doit faire ! Il doit payer. On peut
perdre sa fortune... mais son honneur, jamais !... C'est
étrange... j'étais si troublée tout à l'heure... me voilà
calme maintenant... Paul ne jouera plus... il n'a plus
rien à perdre... C'est encore du bonheur !... Mais il peut
gagner sa vie !... il a bien fait de travailler... il sera avocat... président... membre du Corps législatif... Mon fils
sera ingénieur des chemins de fer... Moi seule, je ne suis
bonne à rien... je ne me suis occupée que de désœuvrement... j'avais jadis du talent pour le piano... j'ai tout
oublié... c'est désolant... Mais je n'abandonnerai pas
mon mari maintenant, ce serait de la lâcheté !... Je vais
lui écrire... « Paul ! je t'aime !... je n'ai rien à te par-
« donner... Tu as raison... le premier pas dans le mal est
« toujours décisif... Tu as eu tort le jour où tu t'es laissé
« entraîner à une table de jeu... Le reste n'a été que la
« conséquence naturelle de cet instant d'étourderie...
« Je sais par moi-même... » Comment vais-je lui dire
cela?... « Je sais par moi-même que dès qu'on dévie
« du droit chemin, on est saisi par un courant qui
« vous entraîne !... » Non !... c'est impossible, je ne puis
pas lui écrire des choses semblables... Il se figurera
Dieu sait quoi !... il faut pourtant qu'il lise dans mon
cœur... et que son pardon efface la tache... (*Joseph
rentre avec une carte de visite.*)

Ah ! vous voilà mon pauvre Joseph !... C'est la carte de

7

M. Fortigny, n'est-ce pas? J'ai bien la tête à penser à lui... (*Elle déchire la carte.*) Il est en bas?... il attend?... Vous lui direz que quand mon mari n'est pas à la maison, je ne reçois jamais de jeunes gens... Jamais! entendez-vous?... D'ailleurs cet hôtel va être vendu!... mes chevaux aussi!... mes diamants aussi!... Nous allons être pauvres, mon ami... je porterai des robes de jaconas à 6 francs... nous habiterons une mansarde!... Vous m'apprendrez à faire la cuisine... car vous ne nous quitterez pas?... n'est-ce pas?... Vous êtes un ancien serviteur... un ami de la famille... Mais dites-moi donc quelque chose, Joseph!... Vous voyez bien que j'ai besoin de courage... Vous êtes donc muet?... (*Joseph fait signe que oui.*) On vous a défendu de me parler?...(*Même signe.*) Mon mari? (*Même signe.*) Pourquoi cela?... (*Joseph hausse les épaules.*) Pour que vous ne vous trahissiez pas... (*Même signe.*) Attendez! on voit d'ici la chambre de Paul. (*Elle regarde par la fenêtre.*) Sa lampe est allumée!... mais le voilà lui-même... Il marche dans sa chambre en fumant... Vous m'avez menti tous les deux... Mon mari n'est pas sorti ce soir... (*Joseph fait un signe de dénégation.*) Ah! je comprends!... Il est jaloux. Ah! que je t'aime!... Il m'aime assez pour être jaloux... il est trop délicat et il a trop d'esprit pour le montrer...

Nous ne sommes donc pas ruinés, Joseph?... (*Joseph se met à rire.*) Mon mari n'a jamais joué? (*Joseph fait signe que non.*) Bien sûr?... Je comprends... il a voulu me donner une leçon!... Eh bien! Joseph... priez M. de Fortigny de monter et éclairez le salon... (*Joseph la regarde d'un air stupéfait.*) Etes-vous sourd?... Faites donc ce que je dis... Ah! et vous direz aussi à mon

mari que je le prie de venir parce que j'ai du monde...
(*Joseph sort.*)

Tu vas voir, Paul, que tu n'as plus rien à craindre de
personne... Tu as veillé sur moi... tu m'as sauvée...
je ne l'oublierai jamais!... Je changerai mon existence
et te la donnerai tout entière... Je serai sobre de rêve-
ries et simple de cœur... Le bonheur est là... Nous
garderons notre fortune... mais nous nous aimerons
comme si nous étions ruinés!

Fin.

ADÉLAÏDE ET VERMOUTH

Idylle militaire en un acte

Par M. Eugène VERCONSIN

PERSONNAGES

VERMOUTH, voltigeur......... Mr SAINT-GERMAIN.
ADÉLAIDE (*), bonne d'enfant.. Mlle DAMAIN.
M. LE COMTE, bébé au maillot.

La scène se passe à Paris, dans le jardin des Plantes.

(*) Le rôle d'Adélaïde peut être joué, au gré de l'actrice, avec la prononciation alsacienne.

ADÉLAÏDE ET VERMOUTH

SCÈNE PREMIÈRE

ADÉLAÏDE.

Au lever du rideau, Adélaïde, assise sur un banc, tient sur ses genoux un enfant au maillot. Elle jette un cerceau à une petite fille qu'on ne voit pas.

Voici votre cerceau, mademoiselle Camille, mais ne vous éloignez pas trop. *(Berçant son bébé.)* Dodo, l'enfant do, l'enfant dormira tantôt. *(Elle chante et sa voix s'adoucit et s'éteint à mesure que l'enfant s'endort.)* Enfin, voilà monsieur le comte endormi ! Achevons le roman que j'ai pris ce matin dans le boudoir de madame. *(Elle rit.)* Est-il Dieu possible qu'il y ait des créatures adorées comme ça ! Trois duels pour une seule femme ! Quand je pense qu'il n'y a pas encore eu un homme, sous la calotte des cieux, qui se soit seulement asphyxié pour moi... Je sais bien que tout ce qu'il y a là dedans n'est pas arrivé, que c'est des menteries, des *frictions,* comme dit madame : mais c'est égal, c'est bien gentil tout de même... Ah ! si jamais je deviens riche, moi... je sais bien ce que je ferai... Le matin, je prendrai mon café dans mon lit, en lisant des romans ; le jour, j'irai voir manœuvrer les troupes au Champ de Mars, et le soir... le soir j'irai tous les jours au spectacle... (*Vermouth paraît.*) Un militaire ! Lisons !

SCÈNE DEUXIÈME

VERMOUTH, ADÉLAÏDE.

VERMOUTH, à la cantonade.

Que c'est convenu, sargent, et que nous nous retrouverons devant les singes. (*Au public.*) Je préfère le Jardin des Plantes aux Tuileries, à cause des animaux... les singes, surtout... Ils m'amusent, ces animaux-là. (*Apercevant Adélaïde.*) Crédié ! la jolie femme !... C'est particulier, ça, mais je ne peux pas voir une jolie femme sans penser que je suis du sexe galant. (*Il passe devant Adélaïde en toussant et en frisant sa moustache.*)

ADÉLAÏDE, à part.

Comme il me regarde !... Il me dévore, quoi !

VERMOUTH, à part.

Différemment, avant de partir pour l'Afrique, il ne me serait pas inférieur d'emporter une mèche de cheveux de cette jeunesse-là. (*Il retousse.*) J'ai beau tousser, elle ne lève pas l'œil de dessus son bouquin ! Ça n'est pas naturel... Quand une jeunesse a un livre ouvert devant les yeux et qu'un militaire passe dans les environs, ça n'est pas son livre qu'elle regarde... Chacun sait ça !... Nous vons bien voir !... (*Il passe derrière Adélaïde et jette un coup d'œil par dessus son épaule.*) Qu'est-ce que je disais ? Son livre est à l'enverse. (*Il s'asseoit à l'extré-

mité du banc. Haut.) Vous prremettez que je me repose un brin, mademoiselle ?

ADÉLAIDE, minaudant.

Le banc est à tout le monde.

VERMOUTH

Il est juste. Toutefois néanmoinsse que ma présence vous désobligerait, que l'on est Français avant tout et que l'on irait planter sa tente ailleurs.

ADÉLAIDE

Votre tante ?

VERMOUTH

C'est une expression qui se dit à l'armée de la guerre : autrement dit, que je ficherais mon camp... Que ça me contrarierait souverainement, et même davantage, mais que je le ficherais.

ADÉLAIDE, touchée.

Je ne vous renvoie pas, monsieur le militaire

VERMOUTH

Ah ! que vous êtes bonne !

ADÉDAIDE

Depuis deux ans, chez un comte.

VERMOUTH, à part.

Hein ? Elle fait des calembours... Nous vons rire tout à l'heure. (*Il se rapproche d'Adélaïde.*)

ADÉLAIDE

Vous n'êtes pas bien ?

VERMOUTH

Pardonnerez. Mais présentement que je suis mieux, l'approximation d'une jolie femme étant faite pour réjouir le cœur de tout soldat français.

ADÉLAIDE

Flatteur !

VERMOUTH

Pour ça, non.

ADÉLAIDE

Pour ça, si.

VERMOUTH

Pour ça non. Que c'est la nature qui parle en moi, mademoiselle... Comment qu'on vous appelle ?

ADÉLAIDE

Adélaïde.

VERMOUTH

Tiens ! votre nom rime avec ophicléide, le plus bel instrument de notre musique, à nous autres militaires. Aimez-vous la musique militaire ?

ADÉLAIDE

Je l'adore. Elle porte au cœur.

VERMOUTH

Que c'est vrai tout de même qu'elle porte au sentiment, à preuve que, pas plus tard que ce matin, nous ons été à la parade, musique en tête, et que depuis ce matin je suis amoureux comme je ne sais pas quoi...

peut-être plus... (*Il se rapproche encore d'Adélaïde.*)
Quel âge que vous avez ?

ADÉLAIDE

Vingt ans.

VERMOUTH, soupirant.

La belle âge pour aimer, quoi !... Et d'où que vous
êtes ?

ADÉLAIDE

De Bischwiller, en Alsace.

VERMOUTH

Différemment que vous êtes Alsacienne. Moi je suis
Tourangeau, pour ainsi que nous sommes quasi pays,
et touchez là, sans vous commander.

ADÉLAIDE

Je ne sais si je dois.

VERMOUTH

Bah ! devez. (*Il lui prend la main et la garde.*)

ADÉLAIDE

Et vous, comment qu'on vous appelle ?

VERMOUTH

Moi, z'on m'appelle Vermouth.

ADÉLAIDE

Plaît-il ?

VERMOUTH

Vermouth, que je vous dis. C'est le nom que mon capitaine m'avait donné en Afrique, à cause que, tous les matins, je lui portais le sien : Flageolet Vermouth, vingt-neuf ans, trois campagnes, et médaillé. Deux blessures, reçues, l'une à la jambe, et l'autre... à Solférino ; mais toutes deux subsidiairement guéries, comme je pourrais vous le faire voir... si les lois de la pudeur ne s'y opposaient. En ce moment, garnisonné au Mont-Valérien ; bon enfant, et surtout agréable avec le sexe, comme vous pourrez vous en convaincre, si vous prremettez que je cultive votre connaissance.

ADÉLAIDE

Gageons que vous en dites autant à toutes les femmes.

VERMOUTH

Que je suis voltigeur, mais point volage, mademoiselle Victoire.

ADÉLAIDE, furieuse.

Vous dites ?

VERMOUTH

Je dis que je suis voltigeur, mais point volage, mademoiselle Victoire.

ADÉLAIDE

Mais je m'appelle Adélaïde.

VERMOUTH

Bigre ! J'ai dit z'une bêtise !

ADÉLAIDE

Vous voyez bien que vous me trompez déjà. (*L'enfant pleure. Adélaïde le berce pour le rendormir.*)

VERMOUTH

Permettez qu'on s'explique... J'ai dit : mademoiselle Victoire... (*Cherchant une idée.*) J'ai dit : mademoiselle Victoire parce que... parce que c'en serait une un peu flatteuse que de faire votre conquête, mademoiselle Ophicléide... (*Se reprenant.*) Adélaïde.

ADÉLAIDE, apaisée.

Vous me faites l'effet d'un fier enjôleur, vous !

VERMOUTH, à part.

Le fait est que c'est assez bien trouvé. (*Haut.*) Voyons ! Que l'on ne rend pas sa menotte à ce pauvre Vermouth?

ADÉLAIDE

Ah! ces hommes, c'est comme des mendiants, ça demande toujours quelque chose. (*L'enfant repleure.*) Mais taisez-vous donc, monsieur le comte.

VERMOUTH

Le fait est qu'il est embêtant, votre mioche. C'est même une question que je me suis faite bien souvent. Pourquoi donc que ces gredins d'enfants pleurent toujours?

ADÉLAIDE

Hein! Vous **en voyez** donc souvent ?

VERMOUTH

Oh! quelquefois, dans le monde. (*A part.*) Elle sera jalouse. (*Haut.*) Je disais : Pourquoi qu'ils pleurent toute la sainte journée, sauf l'heure des repas, s'entend?

Qu'est-ce qu'on leur fait, je vous le demande? Est-ce que nous pleurons, nous autres?

ADÉLAIDE

Vous ne faites pas vos dents, vous autres. Monsieur le comte a la dentition difficile. Ça lui donne des petites coliques, ça...

VERMOUTH

Suffit, je comprends.

ADÉLAIDE, regardant autour d'elle.

Allons! voilà sa sœur Camille encore partie. (*Appelant.*) Mademoiselle Camille!

VERMOUTH

Ah! vous en avez encore une autre.

ADÉLAIDE

Une plus grande; elle a déjà...

VERMOUTH

J'entends bien; elle n'a plus de coliques.

ADÉLAIDE

Je crains toujours qu'elle n'aille du côté des animaux.

VERMOUTH

Il n'y a pas de danger, puisqu'on ne les laisse pas communiquer avec le public... Différemment, mademoiselle Ophi... Adélaïde, que vous sortez le dimanche... pour aller voir madame votre tante?

ADÉLAIDE

Mais je n'ai pas de tante.

VERMOUTH

Eh bien, et moi donc. Que je serai votre tante et que je vous aimerai comme ma nièce, et même plus, si c'est votre idée, et que je vous attends demain devant la fosse à l'ours.

ADÉLAÏDE

Je ne sais si je dois.

VERMOUTH

Bah! devez... Je connais, dans les environs du voisinage, un restaurant de premier choix...

ADÉLAÏDE

Je ne suis pas portée de dessus ma bouche, monsieur Vermouth, et si je consentais à venir, ça ne serait que pour le sentiment, et parce que je me fierais à la délicatesse d'un militaire qui ne voudrait pas subtiliser une jeunesse comme moi.

VERMOUTH

Vous subtiliser, mademoiselle Vict... mademoiselle Adélaïde! Mais j'aimerais mieux subtiliser toutes les femmes que d'en subtiliser une seule.

ADÉLAÏDE, reconnaissante.

Merci.

VERMOUTH

Et, le soir, nous irons au spectable. Aimez-vous le spectacle?

ADÉLAÏDE

Je l'adore. Surtout les ceux où l'on pleure. Je ne m'amuse jamais tant que quand je pleure.

VERMOUTH

Moi, dans les moments pleurards, je ne pleure pas;
mais, pour être secoué en dedans, je suis secoué en
dedans.

VOIX D'UNE MARCHANDE DE PLAISIRS, chantant.

Voilà l' plaisir, mesdames, voilà l' plaisir!

VERMOUTH, à Adélaïde.

Voulez-vous me faire celui d'en accepter un?

ADÉLAIDE

Je ne voudrais pas vous enduire en dépense.

VERMOUTH

M'enduire! Mais pour vous être agréable, je me rui-
nerais avec volupté... Ohé la marchande!

ADELAIDE

Non, monsieur Vermouth.

VERMOUTH

Que vous ne l'aimez donc pas, le plaisir?

ADÉLAIDE

Ah! si! Ah! si!

VERMOUTH

Alors, laissez-moi faire des folies pour vous... Ohé la
marchande! (*En sortant, il tire sa bourse de sa poche et
laisse tomber un paquet de lettres.*)

SCÈNE TROISIÈME

ADÉLAIDE, seule.

Il a laissé tomber quelque chose... Une lettre!... deux lettres!... trois lettres!... des lettres de femmes, peut-être? Si je les lisais...? ça serait indiscret, mais c'est la seule manière de savoir ce qu'il y a dedans. (*Elle ouvre une lettre. Lisant.*) « Femme adorable! » (*Parlé.*) Là! qu'est-ce que je disais? Le monstre me trompe déjà! (*Lisant.*) « Femme adorable, hier, à la promenade, je « ne vous ai aperçue que dix minutes, mais ça m'a suffi. « Depuis ce moment, j'en perds le boire et le manger. » (*Parlé.*) Et il m'offrait d'aller au restaurant, l'effronté! (*Lisant.*) « Si c'est un effet de votre bonté, vous obtem- « pérerez à mon amour et vous vous trouverez demain, « sur le coup de midi, aux Tuileries, devant le sanglier. » (*Parlé.*) O les hommes! les hommes!... Voyons la se- conde! (*Lisant la seconde lettre.*) « Femme adorable, « hier, à la promenade, je ne vous ai aperçue que cinq « minutes... » (*Parlé.*) Mais c'est la même lettre, moins cinq minutes... Quel gredin! Voyons la troisième! (*Lisant la troisième lettre.*) « Femme adorable... » (*Parlé.*) Encore! le brigand! Trois femmes! Il me trom- pait pour trois femmes! Le voilà!... Je vas le retourner, moi!

SCÈNE QUATRIÈME

ADÉLAIDE, VERMOUTH.

VERMOUTH, avec des plaisirs.

Voilà les plaisirs demandés, ma payse.

ADÉLAIDE, renversant le paquet de plaisirs.

Et voilà ce que j'en fais.

VERMOUTH

De quoi! Voilà comme on émiette son plaisir !

ADÉLAIDE, lui lisant ses propres lettres.

« Femme adorable, hier, à la promenade, je ne vous
« ai aperçue que dix minutes... » (*Prenant la seconde.*)
« Femme adorable, hier, à la promenade, je ne vous ai
« aperçue que cinq minutes... » (*Prenant la troisième.*)
« Femme adorable, hier, à la promenade... »

VERMOUTH, à part.

Bigre de bigre! Elle a mis la main sur mon arsenal!

ADÉLAIDE, lisant toujours.

« Je vous attends, demain, devant le sanglier... »
(*Parlé.*) Allez-y donc, devant votre sanglier, retrouver
vos femmes adorables! Mais ne me reparlez ni de ma
vie, ni de mes jours.

VERMOUTH

Voulez-vous tant seulement m'écouter un brin?

ADÉLAIDE

Laissez-moi!

VERMOUTH

Mais il n'y a de femme adorable que vous, Adélaïde.

ADÉLAIDE

Il ose encore après ce que j'ai lu...

VERMOUTH

Mais, petite bêtasse que vous êtes, toutes ces lettres-là, c'est pour rire, c'est des inventions; ces lettres-là ne sont jamais arrivées... à leur adresse. Et la preuve, c'est que je les avais dans ma poche; voyez plutôt la marque de la pliure.

ADÉLAIDE

Qu'est-ce qu'il manigance encore?

VERMOUTH

Je ne manigance point. Tenez, voulez-vous que je vous dise? Eh bien, tout ce qui arrive là, c'est la faute à mon lieutenant (un beau garçon — nous sommes tous comme ça au régiment — sans ça on ne nous recevrait pas!).

ADÉLAIDE

Le fat!

VERMOUTH

Et qui a toujours une pacotille de lettres faites d'avance, pour quand ça se trouve. Différemment, il m'a donné sa recette.

ADÉLAIDE

Mais c'est abominable !

VERMOUTH

Je n'ai pas trouvé ça abominable, et j'ai suivi l'exemple de mon chef, comme ça se doit dans le militaire. Mais aujourd'hui que je vous ai rencontrée, Ophi... non, Adélaïde, il n'y a plus de femme adorable que vous !

ADÉLAIDE

La vraie vérité ?

VERMOUTH

La vraie ! Tenez, je vas vous dire un mot, que quand on l'a dit, ça engage...

ADÉLAIDE

Dites voir.

VERMOUTH

Eh bien, croyez-moi hermétiquement !

ADÉLAIDE

Hermétiquement... Qu'est-ce que ça veut dire ?

VERMOUTH

Innocente que vous êtes... Vous ne savez pas... Ça veut dire : hermétiquement. C'est un mot... ne le dites à personne au moins, ça pourrait me compromettre. (*Confidentiellement.*) Que c'est un mot du gouvernement !

ADÉLAIDE

Allons. Je vous pardonne !

VERMOUTH

Et moi, je déchire mes lettres et je vas les donner en pâture aux animaux.

ADÉLAIDE

A propos d'animaux, Camille ne revient pas et je commence à être inquiète. Si c'était un effet de votre bonté de garder monsieur le comte un instant.

VERMOUTH

Passez-moi le mioche. Ce n'est pas la première fois qu'on aura vu Vermouth...

ADELAIDE

Vous dites?

VERMOUTH

Qu'on aura vu un soldat français garder l'innocence. (*Adélaïde sort.*)

SCÈNE CINQUIÈME

VERMOUTH, tenant l'enfant sur ses bras.

Décidément, elle sera jalouse. (*Examinant le comte.*) C'est un assez bel enfant, mais j'ai vu mieux que ça aux Tuileries. (*L'enfant pleure.*) Bon ! voilà la musique qui recommence. Différemment, que je suis de l'avis de ce caporal que j'ai vu dans une pièce de comédie : j'aime bien les enfants, mais je trouve qu'ils naissent trop jeunes... (*S'adressant au bébé.*) Je sais bien ce que tu voudrais, mon gaillard, mais tu perds ton temps, mon gar-

çon ; je ne suis pas la nourrice, moi... je ne peux pas...
Ça n'est pourtant pas le lait qui me manque !... Il ne
comprend pas. C'est même des bêtises de dire des mots
spirituels aux enfants : ils ne comprennent pas. (*L'enfant pleure.*) Allons ! un peu de patience, que diable,
faut se faire une raison... (*L'enfant crie.*) Je t'en fiche.
Je vas le mettre sur le ventre... On dit que c'est souve-
rain pour calmer les enfants ! (*Il retourne l'enfant, qui
cesse de pleurer.*) Il se calme ! il se calme ! (*Il le fait
sautiller tout doucement. Tout à coup, sa physionomie, de
souriante qu'elle était, devient sérieuse, inquiète. Il jette
des regards de détresse sur les spectateurs. Enfin il
soulève l'enfant avec précaution et dit avec résignation :*)
Ça y est ! ah ! ça y est !... Je disais aussi : qu'est-ce donc
qui est chaud comme ça ?... Si seulement j'avais eu le
tablier d'un de nos sapeurs !... On devrait toujours prendre un tablier de sapeur quand on est exposé comme
nous autres... (*Tenant l'enfant entre ses jambes.*) Lais-
sons-le égoutter... (*L'enfant pleure.*) Oui, pleure, peti
malheureux ! tu as bien raison, après ce que tu as fait...
Ils n'ont pas le moindre empire sur eux-mêmes, ces
moutards-là... Et c'est un comte qui se conduit pareil-
lement !... Comme la noblesse dégénère, mon Dieu !...
Allons ! voilà que c'est froid, à présent !... C'était chaud,
tout à l'heure ; maintenant, c'est froid. Et mademoiselle
sa bonne qui ne revient pas !... Si je le fourrais sous
le banc, pour le punir ?... Quelle faction, mon Dieu !

SCÈNE SIXIÈME

VERMOUTH, ADÉLAIDE

ADÉLAIDE, accourant éperdue.

Monsieur Vermouth ! monsieur Vermouth !

VERMOUTH

Ah ! reprenez votre mioche.

ADÉLAIDE

Camille qui vient de tomber dans la fosse à l'ours !

VERMOUTH

Qu'est-ce qu'elle dit ?

ADÉLAIDE

Regardez, là-bas, la foule, près de la fosse... C'est un enfant qu'est tombé dans la fosse ! C'est Camille, bien sûr !

VERMOUTH, sortant.

Voyons voir que je voie ! (*Il sort.*)

SCÈNE SEPTIÈME

ADÉLAIDE, seule.

Quel malheur ! Seigneur mon Dieu ! quel malheur ! Que va dire madame, s'il faut que je rentre sans la petite ? Non, j'aime mieux ne pas rentrer. J'aime mieux aller me noyer avec l'autre ! (*Au bébé.*) N'est-ce pas, mon trésor, qu'il vaut mieux aller nous noyer ensemble ?... Et monsieur Vermouth qui ne revient pas... (*Vermouth paraît.*) Le voilà !... seul... Camille est dévorée !

SCÈNE HUITIÈME

ADÉLAIDE, VERMOUTH.

VERMOUTH, grave.

Elle vit. L'enfant qui est tombé dans la fosse à l'ours, et que celui-ci dévore avec la gloutonnerie naturelle à cet animal, est en carton... C'est une poupée !

ADÉLAIDE

Merci, mon Dieu ! (*Dans sa joie, elle lève les bras au ciel et laisse tomber l'enfant que Vermouth rattrape au passage.*)

VERMOUTH

Quant à votre petite Camille, vous pouvez l'entr'apercevoir d'ici, qui cause familièrement avec un sapeur de sa connaissance... et de la vôtre aussi, Adélaïde, puisqu'il lui demandait de vos nouvelles, et que c'est de cette manière que j'ai reconnu l'enfant.

ADÉLAIDE, troublée.

Fectivement, monsieur Vermouth, fectivement : c'est un de mes cousins.

VERMOUTH

Différemment, je n'aime pas que les jeunesses comme vous aient des cousins dans les sapeurs... Je les connais, les sapeurs... Rien n'est sacré pour un sapeur !...

ADÉLAIDE

Jaloux !

VERMOUTH

Non ; mais promettez-moi de vous brouiller avec ce cousin-là.

ADÉLAIDE

Allons ! je vous le promets ! Êtes-vous content ?

VERMOUTH, avec enthousiasme.

Que vous êtes une divinité, et que demain je vous attends sur le coup de midi, devant les singes.

ADÉLAIDE

J'y serai. Vive la ligne !

Fin.

L'HOMME PROPRE

Monologue

Par M. Charles CROS

L'HOMME PROPRE

(Il entre en chiquenaudant les manches et les parements de son habit.)

Je n'ai pas dîné, parce que j'ai eu la bêtise d'accepter à dîner chez Oscar.

Oh ! je ne dîne jamais en ville, je souffre trop ; mais la marquise des Platesbandes et sa fille devaient dîner chez Oscar. L'autre jour j'avais conquis les bonnes grâces de la marquise en lui donnant la recette d'une eau antipelliculaire qui est de tradition dans ma famille.

Je dis donc à Oscar : Elle est charmante, mademoiselle des Platesbandes. Alors le voilà qui organise ce fameux dîner de ce soir. C'est un garçon intelligent, paraît-il, mais il n'est pas... il n'a pas l'habitude, le culte de la propreté. Moi, je n'ai pas une imagination extraordinaire ; mais au moins je suis propre !

Ce matin, je m'éveille. Je pense : dîner chez Oscar. Enfin !

Je prends mon bain. Comme tous les jours j'ai mon heure de pédicure, mon heure de manicure, ma demi-heure de coiffure du matin. Et je déjeune. Quatre œufs à la coque ; j'aime ça parce que personne ne touche les œufs en dedans. Je mange du pain fait à la mécanique... personne ne touche à la pâte : au sortir du four on me le met dans une serviette et on me l'apporte. Je bois de

8.

l'eau filtrée sur ma table, un petit filtre, excellent système... (Je vous donnerai l'adresse du fabricant.)

Après déjeuner, je me lave les mains, je me débarbouille, je change de linge, je mets des bottines fraîches,
je me relave les mains et je sors. Je vais chez Auguste
me faire brosser la tête : vous savez ?... le shampooing.
Je vais au shampooing tous les jours, de trois à quatre
heures.

Ça creuse l'estomac, le shampooing, quand on n'a
pris que des œufs à la coque. Je rentre donc ; je me lave
les mains, je me débarbouille... (La poussière, en route.)
je change de linge, de costume, je mets des bottines
fraîches, je me relave les mains et je sors. Chez Auguste
je me fais donner un dernier coup de peigne et en route !
Chez Oscar ! puisque le dîner était pour six heures.

Bonsoir madame, bonsoir Oscar, bonsoir madame
la marquise, bonsoir mademoiselle, bonsoir tout le
monde. Je demande à me laver les mains (la poussière.)

Dans le potage, je trouve une petite carotte nouvelle
(j'aime assez les carottes) épluchée à la main ! (la main
de la cuisinière !)

Chez moi on épluche les légumes à la machine, en
tournant comme ça... (Je vous donnerai le nom du fabricant.)

Je ne touche pas au potage. On fait passer du pain,
coupé à la main, sur une assiette. Je ne dis rien. J'en
prends un morceau; je le fais tomber dans ma serviette,
qui était propre, c'est vrai. (C'est la seule chose propre
qu'il y avait à table. — Ah si, il y avait encore la nappe
et les couteaux qui paraissaient propres.) Je coupe une
petite tranche en dessus de mon pain, une petite
tranche en dessous, et je pèle la croûte tout autour.

J'avais, comme ça, un petit noyau de mie assez propre.
(C'était du pain coupé à la mécanique ; j'avais averti.)

Oscar a eu l'air de remarquer mon petit travail et il
a commencé à me faire un nez.

Eh ! bien, je n'ai mangé que ce bout de mie de pain.
Tout ce qu'on a servi me faisait penser à la cuisinière
qui avait ficelé l'aloyau, troussé le dinde, écossé les fla-
geolets.

Ça me donnait mal au cœur, rien que de voir manger
tout ça aux autres.

Je n'ai bu qu'un peu de bordeaux, parce qu'on le
fabrique assez proprement. A Bordeaux, ils ne foulent
plus le vin comme ça... (*Geste des pieds.*) Ils font ça à
la machine....

A chaque assiette qu'on emportait pleine de devant
moi, Oscar devenait de plus en plus sombre : il sentait
que tout ça n'était pas propre.

Oh ! j'ai eu de la patience ! mais quand j'ai vu la marquise et sa fille (Sa fille !) manger des fraises des bois
sans les laver, des fraises cueillies dans les bois ! (Ce n'est
pas propre, les bois) et cueillies avec les mains... (Ce
n'est pas propre, les mains)... Quand j'ai vu ça, je me
suis levé de table, j'ai éclaté, j'ai dit à Oscar : Non ! tu
n'es pas propre, rien n'est propre chez toi, pas même
les invités !

Oscar a pâli, s'est levé, m'a montré la porte pendant
que la marquise faisait respirer un flacon à sa fille en
lui disant : Tu avais raison ! ce monsieur est décidément
très mal élevé.

J'ai haussé les épaules, j'ai quitté la salle, j'ai demandé
de quoi me laver les mains, mais Oscar me suivait ; il m'a
mis mon pardessus sur la tête et a lancé mon chapeau

sur le palier. La porte s'est fermée et.... (*Un temps, plusieurs grimaces.*)

... Mais qu'est-ce que j'ai? Ah! c'est mon estomac... Je m'en vais; il faut que je rentre changer de bottines, me laver les mains, et manger....

Manger quoi à cette heure-ci? Ah! bah! encore quatre œufs à la coque, au moins personne n'y touche en dedans. Oh! vous savez, si je pars, ce n'est pas tant la faim, que.... (*Il chiquenaude son habit*), enfin ce n'est pas propre ici! Bonsoir.

Fin.

LA MARQUISE DE CRAC

Saynète en un acte

Par M. Ernest D'HERVILLY

PERSONNAGES

ÉLODIE.
THÉRÈSE.

LA MARQUISE DE CRAC

Un petit salon. — Au milieu un guéridon sur lequel est ouvert un album de photographies, à côté de cartes-portraits éparses. Près du guéridon un fauteuil placé de profil. Au fond un paravent derrière lequel on peut se cacher.

SCÈNE PREMIÈRE

THÉRÈSE (tournée du côté d'un personnage hors de vue).

C'est entendu, je vais encore me déguiser, mon cher photographe! nous ferons une nouvelle pose. — Mais je vais être hideuse, avec une barbe pareille, — tout à fait hideuse. — Enfin!

(Elle passe derrière le paravent.)

Je ne serai qu'un instant. — Ne vous impatientez pas, mon cher photographe. Je vous demande bien pardon de vous tenir si longtemps aujourd'hui. Ce sont mes diables de favoris qui ne veulent pas tenir en place... Dieu!... que c'est gênant!... Là... le chapeau, mainte-nant... Voilà qui est fait... Je suis prête à prendre la pose. — Me voilà.

(Elle sort de derrière le paravent et apparaît déguisée en homme, mais par le haut du costume seulement, au moyen : 1° d'un veston boutonné au col ; 2° d'un chapeau

masculin placé sur ses cheveux roulés en garçon ; 3° d'une paire de favoris à moustaches postiches.

Elle se regarde dans une glace, puis s'assied dans le fauteuil préparé, en disant :)

J'ai l'air d'un clerc d'avoué.

(Elle prend une pose dans le fauteuil, assure son chapeau, caresse ses moustaches, le tout en s'adressant à un photographe invisible pour le public et qui est censé se tenir sur une galerie extérieure.)

Là ! Je suis à votre disposition à présent, monsieur le photographe. La pose est elle bonne comme cela ? — Un peu plus de côté, dites-vous?... Bien ! je vous obéis... Y sommes-nous ? Vous êtes prêt ? Bon ! alors, ne bougeons plus ! Je me tais. *(Moment de silence et d'immobilité.) (Elle se lève.)* C'est fait !... Ah !... ça n'a pas été long cette fois. *(Prenant une photographie sur la table.)* Décidément cette épreuve-ci est très bonne. Je la garde... C'est entendu. Mais vous me ferez un autre... cliché... avec la seconde pose que je viens de prendre. C'est le même costume, mais l'allure est plus cavalière... Là ! maintenant, mon cher artiste, emportez votre appareil au plus vite et que tout ceci reste entre nous... Moi, je vais ôter ces affreux favoris. *(Elle passe derrière le paravent.)* Comment les messieurs peuvent-ils garder cela sur les joues ? J'ai hâte de dépouiller ces attributs du sexe fort. Ah ! vous partez?... Eh bien ! bonjour, monsieur, et à une autre fois... Bonjour, monsieur.

(Elle reparaît en costume féminin complet, et redonne à ses cheveux, d'un coup de main, une allure moins masculine.)

Voilà le tour joué. *(Elle reprend sur le guéridon la photographie qu'elle tenait tout à l'heure.)* Si jamais on devinerait que ce petit monsieur-là, c'est moi! — Que je voudrais voir la figure que va faire monsieur mon mari en recevant ce portrait-là! — Ah! c'est que monsieur mon mari en prend un peu trop à son aise avec moi, dans son voyage! Parti depuis six semaines, sa lettre de ce matin ne m'annonce pas encore son retour comme devant être prochain. Eh bien! C'est pour que cet Ulysse se hâte un peu de finir d'errer çà et là, loin de sa Pénélope, que sa Pénélope (tapisserie à part) va lui décocher cette photographie.. Cette photographie (*Appuyant avec gaieté.*) qu'un audacieux et criminel poursuivant a eu l'aplomb d'envoyer à sa femme... avec l'offre de son cœur!... Telle est, du moins, la fable gracieuse que monsieur mon mari aura à savourer dans quarante-huit heures... Je le vois d'ici, bouclant sa malle d'un air furieux, ou la faisant boucler, mais toujours d'un air furieux, et se disposant à revenir à tire d'ailes à Paris pour y pourfendre l'insolent! Pauvre Anatole!... Mais comme nous rirons ensuite, quand ce mystérieux insolent... lui tendra son front à embrasser! (*Elle consulte la pendule.*) Grand Dieu! Déjà trois heures et j'oubliais ma chère cousine qui doit venir me voir... Serrons tout cela bien vite, vite! Élodie est une charmante femme mais elle est si bavarde, si... C'est un cœur d'or, certainement, mais quelle terrible curieuse et quelle faiseuse d'histoires!... Tout prétexte lui est bon... Il lui suffirait de trouver ici cette photographie pour inventer je ne sais quoi!... C'est à ce point, qu'au couvent nous l'avons surnommée la *Marquise de Crac.* Hâtons-nous de dérober ces portraits à son lorgnon indiscret... Ciel! du bruit! C'est la voix d'Élodie... Il est trop tard... je suis prise...

SCÈNE DEUXIÈME

THÉRÈSE, ÉLODIE.

ÉLODIE, elle entre en coup de vent.

Bonjour, cousine! (*A la cantonade.*) Je le savais bien, moi, Clarisse, que votre maîtresse était là... (*A Thérèse.*) Ah! ma chère, que vous êtes donc bien gardée par votre Clarisse!... Vous vous étiez donc enfermée?... Je force une consigne, n'est-ce pas? Oui, je vois bien à votre air que je dérange quelque chose... ou quelqu'un. (*Elle jette un regard autour d'elle.*) Non, pas quelqu'un, j'ai la vue si basse, pardon! Mais qu'est-ce que c'est donc que ce portrait que vous cachez si vivement?...

THÉRÈSE

Moi!... mais je ne cache aucun portrait, ma chère Élodie... Je mettais un peu d'ordre dans mon album en vous attendant.

ÉLODIE

Dans votre album!... N'est-ce que cela?... Mais on jurerait qu'on vous prend en flagrant délit de mystère... Voyons ce portrait!

THÉRÈSE

C'est un portrait quelconque... le premier venu, ou plutôt le dernier venu, car c'est quelqu'un que vous ne connaissez pas.

ÉLODIE

Que je ne connais pas... Voyons cela? (*Elle lui prend la photographie.*)

THÉRÈSE, à part.

Hou!... la vilaine curieuse! (*Haut.*) Vous voyez, c'est la tête d'un monsieur sans importance... et que vous ne connaissez pas. (*Elle veut lui reprendre la photographie.*)

ÉLODIE, la retenant.

Je ne dis pas le contraire! mais laissez-le moi regarder encore, vous semblez bien pressée de l'ôter de ma vue ..

THÉRÈSE

Je vous répète que c'est un inconnu, un indifférent.

ÉLODIE

Un inconnu?... un indifférent?... Et vous alliez le mettre dans votre album?

THÉRÈSE

Je faisais un tri... Je choisissais les portraits à conserver. (*Elle veut reprendre sa photographie.*) Celui-ci n'en faisait pas partie.

ÉLODIE, retenant le portrait.

Permettez! Permettez!... mais il me semble que je le connais, moi, cet inconnu, ce beau ténébreux, que vous mettez à la porte de votre album. — Ah! c'est étrange!

THÉRÈSE

Vous le connaissez!... Ah! par exemple!...

ÉLODIE

Eh! pourquoi ne le connaîtrais-je pas?... Mais voilà

qui est curieux! Est-ce que vous vous êtes réservé le monopole de ce monsieur?... Il est photographié pour tout le monde, je suppose?

THÉRÈSE

Oh! sans doute!... Mais débarrassez-vous donc un instant de votre chapeau, ma chère. (*Elle veut lui reprendre la photographie.*)

ÉLODIE, même jeu que plus haut.

Avec plaisir... Mais laissez-donc là cette photographie, Thérèse. (*Elle ôte son chapeau et son pardessus, puis s'installe dans un fauteuil, la photographie à la main.*)

THÉRÈSE, à part, pendant que sa cousine s'assied.

Maudit contre-temps! Si ma cousine évente la mèche, c'en est fait de la petite surprise que je ménageais à mon mari. Elle bavardera si bien qu'Anatole saura tout, même avant d'avoir reçu ma lettre.

ÉLODIE, regardant la photographie.

Il est très bien, ce monsieur... très bien... très bien, réellement...

THÉRÈSE, à part.

C'est encore heureux que je lui plaise. (*Haut.*) Vous trouvez?

ÉLODIE

Joli homme tout à fait!... A propos! et votre mari, et ce pauvre Anatole, est-ce qu'il sera longtemps encore en voyage?...

THÉRÈSE

Je ne sais!

ÉLODIE

Vraiment! Ces maris sont tous les mêmes... Il a tort
de s'absenter ainsi sans emporter un album si bien
habité.

THÉRÈSE

Que veut dire cette plaisanterie?

ÉLODIE

Mon Dieu! ne vous fâchez pas, ma chère Thérèse!
Vous savez, je suis la franchise même; je ne sais rien
dissimuler, moi...

THÉRÈSE

Mais, de mon côté... croyez bien...

ÉLODIE

Oh! je vous crois!... Seulement permettez-moi de
vous dire qu'en vous trouvant en train de regarder...
(avec votre Clarisse en faction à la porte) la photographie d'un monsieur... fort agréable à voir... je
l'avoue...

THÉRÈSE

Mais allez donc, ma chère cousine, allez donc!...
dites tout de suite que c'est mon amoureux en titre.

ÉLODIE

Ah! c'est comme cela! quel courroux!... En tout
cas, et c'est très sérieux ce que je vais vous dire... car

vous êtes mon amie en même temps que ma cousine, en tout cas, je crois de mon devoir de vous révéler une chose qui va sans doute vous surprendre... et qui, peut-être vous affligera. Laissez-moi encore regarder ce portrait.

THÉRÈSE, à part.

Qu'est-ce qu'elle va encore inventer?

ÉLODIE

Ma chère, il est inutile que je le dissimule plus long-temps : je connais l'original de ce portrait...

THÉRÈSE

Vous le connaissez!... Non!... cela est un peu trop fort, je vous assure!

ÉLODIE

Trop fort?... Et pourquoi donc?

THÉRÈSE

Pourquoi?... Parce que...

ÉLODIE, lui coupant la parole.

Pas un mot de plus!... Je devine! Vous êtes persuadée que personne ne peut faire attention à moi, n'est-ce pas? Le contraire vous semble renversant? A vous en-tendre, ce monsieur n'aurait jamais regardé que vous!... Détrompez-vous, ma chère, ce monsieur (je ne veux pas savoir à quel point vous en êtes),... ce monsieur m'a fait la cour autrefois, ne vous déplaise...

THÉRÈSE

A vous?

ÉLODIE

Et pourquoi non?... Mais il est vraiment curieux que vous ne puissiez croire que, dans la vie de cet homme... vous n'êtes que le numéro deux ou trois!...

THÉRÈSE

Ma foi, je vous laisse parler... Je m'avoue vaincue.

ÉLODIE

Et vous faites bien!... Écoutez-moi donc, ma chère amie ; c'est parce que j'ai souci de votre bonheur ; c'est enfin parce que nous sommes entre femmes et que nous nous devons aide et protection, que je me fais violence jusqu'à vous dévoiler un poétique épisode de mon passé aujourd'hui bien mort, afin de vous mettre en garde contre cet homme, et pour vous épargner de cruelles déceptions...

THÉRÈSE

Vous êtes vraiment trop bonne. Je suis tout à fait abasourdie. Ce roman me casse bras et jambes... Je m'y attendais si peu, bien que vous connaissant depuis longtemps...

ÉLODIE

Mais ce n'est pas un roman, c'est de l'histoire... Ah ! vous croyez que ce monsieur n'a jamais adressé à une autre que vous les paroles mielleuses qu'il a rééditées à votre intention?... Pauvre Thérèse ! quelle erreur !

THÉRÈSE

Mais il ne m'a jamais fait d'aveu, et pour cause...

ÉLODIE

Oui ; mais ce portrait ici, dit tout... Ah ! mon amie !
Fuyez cet homme ! Ne l'écoutez plus ! A moi aussi, un
soir, l'an dernier, pendant mon voyage en Italie, au
bord du lac Majeur, il m'a juré qu'il m'aimerait toujours !... Que la femme est sotte !

THÉRÈSE, riant.

Alors, il n'a pas tenu parole, le monstre ?...

ÉLODIE

Je ne dis pas cela. Mais il n'a tenu qu'à moi que j'en
fisse l'expérience. Seulement il savait à quelle femme
sérieuse il s'adressait. Il demanda ma main. Je la lui
refusai.

THÉRÈSE

Vous la lui refusâtes ?

ÉLODIE

Oui, car je savais à quel affreux Don Juan j'avais
affaire... J'étais sur mes gardes... Dieu soit loué ! Je fus
sauvée ! Et puissiez-vous l'être de même, grâce à cette
révélation qui me coûte et que je vous fais en rougissant,
mais que m'arrache mon amitié qui est la plus forte.

THÉRÈSE

Merci, ma chère Élodie, merci !... mais un mot encore... Ce mot, hélas ! va malheureusement ternir
pour jamais le brillant souvenir que, sans doute et malgré sa mauvaise réputation, vous avez conservé de ce
monsieur, avouez-le...

ÉLODIE

Eh bien! oui, je l'avoue! Je n'étais pas demeurée insensible à tant de grâces... à tant d'esprit.

THÉRÈSE

En vérité! — Eh bien, ma chère... je regrette d'avoir à vous le dire... mais votre confidence en appelait une autre... Ce monsieur auquel vous refusâtes votre main, un soir au bord du lac Majeur...

ÉLODIE, soupirant.

Il l'était à peine lui-même, hélas!

THÉRÈSE

Quoi? Lac?

ÉLODIE

Non! majeur!

THÉRÈSE

Ah! bon!... Eh bien! Élodie, cet homme auquel vous avez refusé votre main, je suis forcée de vous dire que je sui. prête, moi, à lui donner mon pied...

ÉLODIE

Oh! Thérèse! que voulez-vous dire?

THÉRÈSE

En un mot, c'est un pédicure qui m'a été recommandé il y a quelques jours.

ÉLODIE

Allons donc! quelle folie!... un pédicure!... mais il m'a dit être attaché d'ambassade...

THÉRÈSE

Je le regrette, mais il n'est que détaché de maison de bains, ma bonne Élodie... Eh bien, qu'en dites-vous ?

ÉLODIE

Je dis... je dis... (*Riant.*) Ma foi, le conte est bien inventé !... Mais c'est en vain que vous voudriez me faire prendre le change, ma chère, ou alors c'est vous qui êtes abusée au dernier point. Oui, plus j'y réfléchis, et plus je pense, ma bonne Thérèse, que ce monsieur, afin de s'introduire près de vous sans éveiller les soupçons, aura pris le singulier déguisement dont vous parlez... Veillez plus que jamais ! je vous dis que cet homme est fertile en expédients imprévus. Qui le croirait pourtant, à voir ce visage honnête ? (*Elle regarde la photographie.*)

THÉRÈSE, à part.

Elle n'en démordra pas. Mais nous allons bien voir ! (*Haut.*) Alors, vous croyez que c'est un faux pédicure qui... mais c'est bien facile à vérifier, du reste. Je l'attends aujourd'hui. Il doit même être arrivé. Je vais l'aller chercher et je l'amène en votre présence. Nous le confondrons !

ÉLODIE, vivement.

Oh ! ne faites pas cela, ma chère ! quel qu'il puisse être réellement, vous devez comprendre combien il me serait pénible de me retrouver en face de lui... car enfin, dans tous les cas... cet homme... je l'ai aimé... Épargnez-moi de vous en dire plus long... je vous en prie ; ah ! qu'il ne me retrouve pas ici !

THÉRÈSE, prêtant l'oreille.

On parle dans l'antichambre. C'est lui!... Ah! je vais lui faire confesser son crime ! Je vous laisse à vos réflexions, ma belle.

SCÈNE TROISIÈME

ÉLODIE, seule.

Je me suis enferrée, je crois... Maudite langue! Que faire à présent ? Pourtant je ne veux pas me trouver en présence de cet inconnu... (car il m'est complètement inconnu)... que j'ai si follement accusé... Mais au fait, non, je puis facilement me tirer de ce mauvais pas... Je n'ai qu'à dire que je suis la victime d'une erreur de ressemblance inouïe. — Oui... c'est cela... Je suis sauvée... Ah! voilà ma cousine.

SCÈNE QUATRIÈME

ÉLODIE, THÉRÈSE.

THÉRÈSE, gravement.

Vous ne vous étiez pas trompée... Élodie !

ÉLODIE

Vous dites ?

THÉRÈSE

Ce monsieur m'a tout avoué... Ce n'est pas un pédicure...

ÉLODIE

Là !... Je vous le disais bien !

THÉRÈSE

Il est effectivement attaché d'ambassade.

ÉLODIE

Ai-je menti ? (*A part.*) Que veut dire ceci ?

THÉRÈSE

C'est bien comme vous le disiez... un amoureux dé-
guisé... Le pédicure en amour !

ÉLODIE

Eh bien !... Avais-je tort de vous en avertir ?

THÉRÈSE

Oui... car celle qu'il aime, ce n'est pas moi.

ÉLODIE

Que voulez-vous dire ?

THÉRÈSE

Celle qu'il aime, c'est vous.

ÉLODIE

Moi !... Cela n'est pas possible !

THÉRÈSE

Tiens !... et pourquoi cela ?

ÉLODIE

Parce que...

THÉRÈSE

Parce que vous ne l'avez pas revu depuis un an? Est-ce
une raison cela? Vous croyez-vous si peu de mérites et
pensez-vous qu'on puisse vous oublier si facilement?

ÉLODIE

En vérité...

THÉRÈSE

Vous n'y pensez plus, sans doute, et je vous crois.
Mais lui... lui!... le pauvre garçon! il ne vous a jamais
perdue de vue... il vous a sans cesse suivie de loin, con-
fondu dans la foule, dévorant ses larmes, à ce qu'il m'a
dit.

ÉLODIE

Il vous a dit?...

THÉRÈSE

S'il a tenté de s'introduire ici sous un prétexte falla-
cieux et même grotesque, m'a-t-il avoué... c'est parce qu'il
vous sait ma cousine... c'est parce qu'il est instruit des
visites que vous avez la bonté de me faire... C'est enfin
parce qu'il espérait ardemment vous apercevoir de temps
à autre ! Bref, l'ayant mis au pied du mur, et, d'autre
part, sachant quels furent vos sentiments pour lui, je n'ai
pas eu le courage de lui imposer silence, et je l'ai laissé
me supplier de vous demander de nouveau votre main...
O Élodie! il est là, dans la pièce voisine, tremblant
d'anxiété!... Quelle réponse dois-je lui porter ?

ÉLODIE

Vous me voyez absolument confondue. Votre explica-
tion me jette dans un profond abîme de surprise... je...

THÉRÈSE

Quoi!... Vous ne pensiez pas qu'on pût rester fidèle à votre radieux souvenir ?

ÉLODIE, très gênée.

Si... c'est-à-dire... Enfin, je suis hors de moi... Voyons, Thérèse, je vous fais juge de la situation... que faire?... Un homme m'adore, je n'en puis douter. Je suis veuve encore comme je l'étais l'an dernier... Cet homme demande ma main... A quoi me résoudre?... les sentiments dont il vous a fait part ne peuvent que m'honorer... Je... mais peut-être fait-il confusion... Certes je ne voudrais pas refuser un établissement offert d'une façon aussi romanesque... mais enfin, il peut se tromper... Je ne suis peut-être pas la personne...

THÉRÈSE

Ah! je comprends votre embarras et j'y compatis... Évidemment cette fidélité est tout à fait surprenante chez un attaché d'ambassade... Mais il faut mettre fin à votre incertitude. Je vais chercher ce jeune homme... Remettez-vous, ma chère.

ÉLODIE

Non !

THÉRÈSE

Si. (*Elle sort.*)

SCÈNE CINQUIÈME

ÉLODIE, seule.

Voilà qui dépasse tout ce qu'on peut imaginer! Ma cousine se moquerait-elle de moi? Non... Voyons, soyons calme. Réfléchissons. Au fait, qu'y a-t-il là de si extraordinaire? Un homme distingué peut m'avoir remarquée au bord du lac Majeur. C'est dans les choses possibles. Que mon image se soit gravée dans son cœur, rien d'étrange à cela non plus. M'aimant, il m'aura suivie en France, il aura pris des informations sur ma personne! Rien que de très naturel dans tout cela. La vie ne se compose-t-elle pas à chaque instant de coïncidences aussi bizarres?... Oui, c'est évident, un homme existe et m'adore... J'aurai dit la vérité sans le savoir. Le cas n'est pas très rare, en somme. J'ai fait une prophétie qui se réalise, voilà tout. Et je refuserais de profiter de la chance de bonheur que m'offre le ciel? Ah! ce serait mal reconnaître ses soins. Je me soumets. C'est écrit. On ne peut rien contre sa destinée. Oh! les voilà! Comme mon cœur bat!

SCÈNE SIXIÈME

ÉLODIE, THÉRÈSE (à la porte du fond).

THÉRÈSE, à mi-voix.

Ma chère... c'est un véritable enfant. Il n'ose se présenter devant vous... Chut! ménageons la transition!

Entrez un moment dans ma chambre... Je vais l'introduire ici habilement. Quand je tousserai, vous entrerez...
et je vous laisserai vous expliquer, seuls.

ÉLODIE, entrant dans la chambre.

Que vous êtes bonne, Thérèse! merci!

SCÈNE SEPTIÈME

THÉRÈSE, seule.

(*Elle passe derrière le paravent et s'affuble du costume de la scène première. Puis elle s'installe dans un
fauteuil, tournant le dos à la porte par laquelle doit venir
Élodie. Elle feint de dormir.*)

SCÈNE HUITIÈME

THÉRÈSE, ÉLODIE.

ÉLODIE

(*Elle avance la tête avec précaution par la porte entre-
bâillée de la chambre où elle s'est cachée.*) Eh bien! je
n'entends rien. (*Elle aperçoit Thérèse déguisée.*) Ciel!...
Il est là!... Seul!... C'est lui! Et Thérèse qui a oublié
de m'avertir! (*Elle sort de la chambre les yeux rivés
sur le mystérieux dormeur.*) Il dort! (*Elle tousse.*)
Il dort profondément!... Voilà qui est étrange! Qu'il
est charmant même vu de dos!... Allons! il faut que je
le réveille... Monsieur!... Que veut dire ceci? Il ne
bouge pas!... Et pourquoi ce chapeau sur la tête?...,

Mais c'est effrayant, ce silence, cette immobilité rigide...
Monsieur !... Ah ! mon Dieu !... Est-ce que l'anxiété,
l'émotion, la douleur... la joie ?... il est évanoui...
sans doute... Oh !... parlez-moi, monsieur !... j'ai
peur !... On n'entend parler que de cœurs brisés sou-
dain, dans les faits divers... Grand Dieu ! serait-il ?... Ah !
le pauvre enfant !... J'ai tué mon fiancé !

THÉRÈSE, feignant de rêver.

Élodie !
(*Elle laisse tomber négligemment sa main sur le bras
du fauteuil.*)

ÉLODIE

Il n'est pas mort !... merci, mon Dieu !... Il dort... Il
dit mon nom en songe... Cher être ! (*Elle lui prend la
main.*) Monsieur remettez-vous... Revenez à la vie...
Je vous en conjure !... Ne craignez plus rien, car vous
êtes... aimé tendrement...

THÉRÈSE, se redressant sur ses pieds.

Est-ce bien vrai cette fois ? (*Elle ôte ses favoris et jette
son chapeau.*)

ÉLODIE

Ah ! — Thérèse !

THÉRÈSE

Pour vous servir, ma belle !

ÉLODIE, furieuse, et remettant en hâte son chapeau.

J'aurais dû m'en douter... Je ne vous reverrai jamais
de ma vie. Adieu !... Vous êtes une méchante femme !
(*Elle se sauve.*)

THÉRÈSE, la reconduisant.

Bon voyage !... Madame la marquise de Crac !

SCÈNE NEUVIÈME

THÉRÈSE, seule.

Et maintenant, envoyons cette photographie à monsieur mon mari !... Je suis sûre à présent qu'il s'y laissera prendre... Il n'y a pas de danger qu'Élodie lui en parle de longtemps.

Fin.

L'INVENTION

DE MON GRAND-ONCLE

L'ARCHEVÊQUE DE BÉZIERS

Monologue

PAR M. ÉMILE DESBEAUX

A Mademoiselle Marie DELAPORTE.

L'INVENTION DE MON GRAND-ONCLE

L'ARCHEVÊQUE DE BÉZIERS

Voici l'aventure qui est arrivée à mon grand-oncle, l'archevêque de Béziers.

Je tiens ce récit de ma cousine, qui le tenait de sa mère, qui le tenait de sa grand'mère, qui le tenait elle-même de sa sœur, qui le tenait de sa grand'tante ; celle-là c'était la sœur de mon grand-oncle, l'archevêque de Béziers. On voit que jamais document ne présenta de plus sérieuses garanties.

C'était à l'époque où les pauvres diables qui avaient commis quelque indélicatesse étaient pendus haut et court.

Le docteur Guillotin n'avait pas encore inventé sa petite machine, mais ce bienfaiteur de l'humanité avait déjà des précurseurs. Beaucoup d'intelligences d'élite cherchaient assidûment à résoudre ce problème : « Pendre avec célérité et discrétion. » Ces pionniers de l'idée voulaient rendre la pendaison plus douce, plus aimable, plus émolliente, presque appétissante.

Comme toujours, ces inventeurs voyaient les obstacles s'accumuler devant eux. On les traitait de rêveurs, de songe-creux et même de... crétins. Les bourreaux surtout se montraient récalcitrants : — « Pas d'innovations ! pas d'innovations ! — Ii ne faut pas gâter l' métier ! » disaient-ils.

Mon grand-oncle l'archevêque de Béziers avait l'honneur d'être au nombre de ces rêveurs, de ces songe-creux, et, dois-je le dire ?... de ces crétins.

Son système ne supprimait pas la pendaison, mais à la corde de chanvre grossière et rugueuse il substituait un petit lien métallique d'une résistance considérable et d'une telle finesse qu'à quelques pas il devenait presque invisible.

Vous voyez d'ici l'effet : le pendu n'avait pas l'air d'être pendu ; il semblait planer dans l'espace à deux ou trois mètres du sol ; si l'arbre auquel on l'accrochait était un arbre fruitier, le pendu passait pour un gourmand qui aurait sauté après les fruits et qui serait resté en l'air. En un mot, c'était charmant.

Mon grand-oncle l'archevêque de Béziers, tout fier de son invention, avait soumis son lien métallique aux membres de la Faculté de médecine de Béziers, au président de la Cour, au procureur, au juge d'instruction, au directeur de la prison, et chacun de ces honorables personnages lui avait répondu en hochant la tête :

— Tout ça, c'est très gentil, mais il faudrait voir le bourreau !

Mon grand-oncle se décida à faire cette visite.

Son petit lien métallique enveloppé dans un petit morceau de papier, il se rendit chez monsieur de Béziers qu'il aborda par ces paroles de circonstance :

— Il n'y a pas de sot métier.

Monsieur de Béziers ne parut pas touché de cette allusion délicate, mais comme il avait le respect des autorités, il attendit pour savoir où mon grand-oncle voulait en venir.

— Vous pendez, lui dit mon oncle, et je dois l'avouer, vous pendez très convenablement, J'ai assisté à quelques-unes de vos petites opérations, et j'en ai été fort satisfait.

Evidemment, mon grand-oncle voulait flatter monsieur de Béziers.

Celui-ci se rengorgea.

— Mais, ajouta mon oncle, votre instrument est, hélas ! bien défectueux.

— Quel instrument ?

— La corde, vous savez bien !

— Ma corde est défectueuse ?

— Assurément. N'arrive-t-il pas que le nœud coulant ne coule pas ou qu'il se défasse. N'arrive-t-il pas que la corde casse ? Enfin, il faut le dire, elle se voit.

Monsieur de Béziers restait ébahi. Ce bourreau obtus ne comprenait pas.

Alors mon grand-oncle déplia son petit morceau de papier; il en tira son fil métallique et, avec l'éloquence d'un inventeur convaincu, il en montra tous les avantages, et je pourrais dire, toutes les beautés.

Quand il eut fini, il interrogea des yeux son interlocuteur.

Celui-ci hocha la tête comme avaient fait les membres de la Faculté, le président de la Cour, le procureur, le juge d'instruction et le directeur de la prison, puis, regardant mon oncle, il dit :

— Et nos petits profits, monsieur l'archevêque ?

— Que voulez-vous dire ?

— Je veux dire qu'une petite pendaison ne m'est payée

que vingt écus d'argent, mais ce que je vends de corde ensuite, c'est incalculable! Ma femme et moi nous passons au moins huit jours à en fabriquer.

— De la corde de pendu ?

— Oui, monsieur l'archevêque. Aussi, comme je ne pourrais pas fabriquer de votre lien en métal, je préfère garder ma corde. D'ailleurs, je ne sais pas où vous la trouvez si défectueuse; aucun de mes clients n'est jamais revenu s'en plaindre.

Mon grand-oncle insista vainement. Il n'y avait rien à faire avec ce bourreau mercantile.

Mais mon oncle n'était pas homme à perdre sitôt courage. Il alla, du même pas, chez le directeur de la prison et obtint que le premier condamné à être pendu lui serait confié. Celui-là fut un homme d'une trentaine d'années qui avait commis 2,114 vols avec effraction. C'était une habitude chez lui. Comme on ne pouvait l'en guérir, on pensa qu'il n'y avait qu'à le pendre. Notre homme était intelligent, car on suppose bien que pour commettre 2,114 vols avec effraction, il faut avoir l'esprit inventif. Je suis sûre que vous n'en feriez pas autant.

Quand mon grand-oncle, l'archevêque de Béziers, lui eut expliqué son idée, le condamné sourit tranquillement. Ça lui plaisait, à cet homme, de ne pas être pendu comme tout le monde.

Mon oncle, enchanté, alla aussitôt chercher son fil métallique, et, après en avoir vanté les qualités, il ajouta :

— Et comme ça ne se voit pas, ça ne pourra pas compromettre votre famille.

Le condamné n'avait pas besoin d'être persuadé. Déjà il tendait le cou.

— Oh! pas ici! dit doucement mon oncle. Je ne me charge que de la théorie. Nous allons chercher un bourreau pour la pratique.

Et, comme il était inutile d'insister de nouveau auprès de celui de Béziers, on se dirigea vers Carcassonne. Monsieur de Carcassonne refusa comme son confrère de Béziers.

— Si nous allions à Castelnaudary? dit mon grand-oncle.

— Oui, répondit le condamné, là, on sera peut-être plus accommodant.

Mais à Castelnaudary, nouveau refus.

— Revenons à Montpellier, c'est une grande ville.

— Oui, ajouta le condamné, on ne doit pas y avoir de préjugés.

Montpellier refusa nettement le fil métallique de mon grand-oncle.

Ils allèrent jusqu'à Nîmes et à Avignon. Ils retournèrent sur Toulouse, Montauban, Cahors, Aurillac. Partout des refus. C'était comme un fait exprès.

Ainsi que tous les inventeurs, mon grand-oncle, l'archevêque de Béziers, s'obstinait dans son idée. Il n'en était pas de même de son condamné. Celui-ci commençait à se décourager.

— C'est fatigant! disait-il, et il ajoutait avec conviction : — Que de mal on a pour se faire pendre!

— Poussons jusqu'à Saint-Flour! dit mon oncle.

Saint-Flour, lui-même, refusa.

Le condamné était à bout de forces. Cependant il dit à mon oncle, pour lui être agréable :

— Pendant que nous y sommes, allons à Paris.

— Jamais ! s'écria mon oncle, faire un pas de plus vers le nord ! Vous n'auriez qu'à attraper une fluxion de poitrine !...

Très désolé, le condamné se frappa le front, et si mon grand-oncle n'avait pas été aveuglé par l'ambition, il aurait vu que son condamné venait de prendre un parti décisif.

Le lendemain matin, dans l'auberge où ils étaient descendus, mon oncle heurta à la porte de la chambre de son compagnon.

Pas de réponse.

— Se serait-il enfui ? pensa mon oncle.

Il poussa la porte. Le lit était vide. Le condamné ne s'était pas couché.

Mon grand-oncle était déjà fort inquiet, quand, levant les yeux, il aperçut son homme, la tête au plafond, les pieds dans l'espace.

Ne pouvant plus y tenir, le condamné s'était pendu lui-même.

Dois-je convenir qu'à cette vue mon grand-oncle ne put retenir un geste de satisfaction ?

— Enfin, l'expérience est faite ! s'écria-t-il, car il pensait bien que son condamné s'était pendu avec le fil métallique dont il avait la libre disposition.

Mais tout à coup mon grand-oncle, l'archevêque de Béziers, perdit contenance.

Le condamné s'était pendu avec sa cravate. Il avait probablement trouvé cela encore plus ingénieux.

Alors, mon oncle s'approcha et, levant vers le pendu des regards remplis de reproches, il eut ce mot cruel : « Ingrat ! »

Mon oncle revint à Béziers désillusionné, désabusé. En entrant chez lui, il jeta dans un coin le fil désormais inutile.

Dans la journée, la servante, ayant besoin de lier une motte de beurre, trouva ce fil et s'en servit. Mais, à peine soulevait-elle son paquet, que la motte se sépara en quatre morceaux.

Mon grand-oncle, l'archevêque de Béziers, avait, sans s'en douter, inventé le fil à couper le beurre !

Voilà le récit que je tiens de ma cousine, qui le tenait de sa mère, qui le tenait de sa grand'mère, qui le tenait elle-même de sa sœur, qui le tenait de sa grand'tante ; celle-là c'était la sœur de mon grand-oncle, l'archevêque de Béziers.

Fin.

LA BÊTE NOIRE

Comédie en un acte

Par MM. Émile MENDEL et CORDIER

PERSONNAGES

Le docteur DORTHEZ, 5o ans.

Frédéric DORTHEZ, son neveu, 26 ans.

Madame DE BELLAMARE, veuve encore bien, 4o ans.

CYPRIENNE, sa fille, 18 ans.

Maman MIETTE, gouvernante de la maison Dorthez.

*La scène se passe de nos jours à Pau, dans la maison
de santé du docteur Dorthez.*

LA BÊTE NOIRE

Le théâtre représente un salon. — Portes au fond et latérale. Fenêtre. — Fauteuils et canapés. — Table avec fleurs. Cheminée. — Ameublement riche.

SCÈNE PREMIÈRE

LE DOCTEUR DORTHEZ, FRÉDÉRIC, MIETTE.

(Le docteur entrant avec Frédéric le bras en écharpe.)

DORTHEZ

Maman Miette, faites porter les bagages de ce jeune homme dans la chambre à côté de la mienne. *(S'arrêtant.)* Regardez-le bien. Qu'en dites-vous ?

MIETTE

Dieu me pardonne ! Je ne me trompe pas. M. Frédéric ! après six ans d'absence.

DORTHEZ, à Frédéric.

Je ne le lui fais pas dire...

FRÉDÉRIC, avec embarras.

J'ai eu tant à faire !...

DORTHEZ, continuant, à Miette.

Et que penseriez-vous d'un enfant qu'on n'a pas revu depuis six ans, et qu'on retrouve dans une gare, à quatre lieues de son vieil oncle, son seul parent, filant sur Paris... Hein ? que penseriez-vous de cela ?

MIETTE

Je dirais... je ne dirais rien... mais on dirait certainement...

FRÉDÉRIC, à Miette.

Je t'en dispense. Voici mon excuse. Je m'étais à moitié cassé un bras... par accident. Un duel ! je serais resté. Mais promener ainsi dans Paris une... foulure... c'était trop ridicule... et j'étais venu la cacher à 150 lieues... quand... v'lan... voilà mon oncle qui me saute au cou et m'emmène chez lui... ici. (*Se tournant vers Dorthez.*) Mais franchement, tu as beau être le plus riche, le plus occupé des médecins, et le meilleur des hommes, ton pays n'est pas gai. On doit y mourir d'ennui.

DORTHEZ

En effet... Vois comme je suis malade.

FRÉDÉRIC

Il y avait, dans l'antiquité, un homme illustre...

DORTHEZ

Epaminondas ?

FRÉDÉRIC

Non, Mithridate, mon oncle, qui déjeunait chaque matin d'une tasse d'arsenic....

DORTHEZ

Je ne vois pas...

FRÉDÉRIC

Depuis vingt ans, tu déjeunes, dînes et soupes d'ennui.
Tu y es fait. Ta maison de santé... où tout le monde est
malade, m'attriste. Jamais ! je ne pourrais m'habituer à
cette atmosphère. (*Vivement.*) D'ailleurs... j'ai trop à faire.

DORTHEZ, riant.

Tu m'intéresses... mais raconte cela à Miette... ça lui
remplacera son *Petit Journal*.

FRÉDÉRIC, à Miette.

Tu vas comprendre cela, toi ! Les Mirlitons, le café
Anglais ! Elle est blonde, puis brune, puis elle redevient
blonde ! Le cheval est bai-clair ! Dix contre un ! Messieurs ! il y a vingt mille francs à la banque ! La blonde est
redevenue brune ! J'ai un alezan maintenant. Le grand
prix ! La coupe ! Les Pigeons. Halanzier lui refuse un
pas ! Nice, Monaco... Newmarket ! Elle est blonde enfin !... Vois-tu, maman Miette, il faut une fameuse tête
pour suffire à tout cela !

DORTHEZ, à Miette.

Vous avez de la peine à saisir... je le vois... Ne cher-
chez pas... vous ne comprendriez jamais. Faites prépa-
rer la chambre. Frédéric restera ici jusqu'à sa gué-
rison.

MIETTE, bas au docteur.

Cette foulure a dû lui déranger la cervelle, n'est-ce
pas, monsieur ? Il me semble qu'il divague un peu.

DORTHEZ

Allez, allez... cela regarde le médecin.

MIETTE, s'en allant.

Pauvre M. Frédéric !

SCÈNE DEUXIÈME

DORTHEZ, FRÉDÉRIC.

DORTHEZ

Tu bâilles... Tu vas aller te reposer. Mais ! six ans
sans donner de ses nouvelles ! Qu'as-tu bien pu faire
pendant tout ce temps ?

FRÉDÉRIC

Je vais te le dire. Tu sais, en ta qualité de médecin,
qu'en venant au monde il nous manque à tous une côte,
par suite de l'emprunt qui nous a été fait à la création.

DORTHEZ

Ah !

FRÉDÉRIC

Ne dis pas non... tu le sais. Eh bien ! Voilà six ans que
je cours après la côte qui me manque...

DORTHEZ, gravement.

Frédéric ! vous oubliez que vous parlez à un oncle...

FRÉDÉRIC

Célibataire.

DORTHEZ

Un homme sérieux...

FRÉDÉRIC

Mais célibataire...

DORTHEZ

En cheveux blanc...

FRÉDÉRIC

De célibataire...

DORTHEZ

Officier de la Légion d'honneur !

FRÉDÉRIC

Toujours célibataire.

DORTHEZ

Tu m'ennuies à la fin... Je n'ai jamais eu le temps...

FRÉDÉRIC

Ça, c'est un prétexte...

DORTHEZ

Tu ne veux donc pas te marier ?

FRÉDÉRIC

Moi ! Jamais... complètement.

DORTHEZ

C'est insensé !

FRÉDÉRIC

Je vais te parler sérieusement...

DORTHEZ

Une fois par hasard...

FRÉDÉRIC

Je sais tout ce qu'on a dit sur le mariage, pour et contre. Ce n'est pas la chose en elle-même qui m'effraie...

DORTHEZ

Alors! qu'est-ce donc?

FRÉDÉRIC

La belle-mère !

DORTHEZ

Quelle folie !

FRÉDÉRIC

Quelle folie! Je t'en fais juge toi-même. Le meilleur de mes amis adorait sa femme, et habitait avec sa belle-mère...

DORTHEZ

L'imprudent !

FRÉDÉRIC

Au bout de trois mois, tous ses amis avaient disparu de la maison. Moi tout le premier. C'était un enfer ! Tout le monde éloigné, il restait seul! Non ! il n'était plus rien ! Il était étouffé entre deux femmes. Aux grands maux les grands remèdes ! Un beau jour... le temps était sombre... la belle-mère tonnait plus que de coutume... un vertige le prit. La fenêtre était ouverte. Je ne sais quelle folie lui monta au cerveau...

DORTHEZ

Il jeta sa belle-mère par la fenêtre ?...

FRÉDÉRIC

Non ! Il s'y jeta lui-même !

DORTHEZ, gravement.

Ce fut une faute.

FRÉDÉRIC

Il la fit ! Eh bien, mon oncle, cela m'a décidé, et ce jour-là, en rentrant chez moi, je jurai sur la tête de Métella...

DORTHEZ

Je ne connais pas...

FRÉDÉRIC

Peu importe... C'était la tête qui me servait alors pour jurer, que jamais, jamais, il n'entrerait de belle-mère chez moi.

DORTHEZ

Cela a dû être sublime.

FRÉDÉRIC

Attends la fin... et vois ma déveine ! Trois jours après, j'acquérais la certitude que la cuisinière de Métella, était sa mère. J'avais l'ennemi chez moi ! Mon oncle ! Une belle-mère sans le savoir ! Et mon beau-père... était mon cocher ! Cela m'a dégoûté.

DORTHEZ

Et tu as mis tout le monde à la porte ?

FRÉDÉRIC

Tu le penses bien !

DORTHEZ

Navrant ! navrant ! Ainsi donc tu es bellemerophobe ?

FRÉDÉRIC

Je mourrai enragé.

DORTHEZ

Mais, malheureux enfant, tu n'as donc jamais véritablement aimé ? Ton cœur n'a jamais battu pour l'une de
ces apparitions divines qui décident de la vie entière ?

FRÉDÉRIC

Si, comme tout autre. Seulement ce bonheur m'est
toujours apparu doublé de la réalité, avec des poils au
menton, beaucoup trop de choses, et des cheveux pas
assez. Une belle-mère en un mot... ma femme vingt
ans après.

DORTHEZ

Penses-tu donc que tu resteras toujours à tes
vingt-cinq ans ?

FRÉDÉRIC

Il ne s'agit pas de moi. Au reste je ne veux pas poser
pour le sceptique. Il y a deux mois, j'ai vu quelque chose
qui m'a fait hésiter. C'était...

DORTHEZ

Une belle jeune fille ?

FRÉDÉRIC

Non. Un hôtel. J'y passais tous les matins en allant

au Bois. J'ai toujours eu un faible pour les monuments.
Celui-là me plaisait.

DORTHEZ

Veux-tu me permettre de m'asseoir ?

FRÉDÉRIC

Fais comme chez toi. L'architecte avait ménagé derrière les glaces à demi couvertes de rideaux roses une
charmante petite tête blonde qui souriait quand je passais, et, le lendemain... je retournais admirer l'architec-
ture qui chaque jour me plaisait davantage. Un jour...

DORTHEZ

Ah ! tant mieux ! Je craignais que ce ne fût la nuit...

FRÉDÉRIC

C'était au Bois... à cinq heures... j'étais avec... au fait
cela ne te regarde pas. J'entends un vacarme épouvan-
table, et aussitôt je vois venir à fond de train un cheval
emporté, pas de cocher sur le siège et, dans la victoria,
deux dames affolées poussant des cris de terreur. Je reconnais ma jolie vision du matin. Sauter sur le marche-
pied, prendre la jeune fille par le mors, saisir le cheval
dans mes bras...

DORTHEZ

Hein ?

FRÉDÉRIC

N'importe. Traîné quelques pas, j'arrête la voiture,
et je reçois un coup de pied de la bête qui se débat encore. Je tombe évanoui. Quand je revins à moi, j'étais
au Grand-Chalet, l'épaule à moitié démise. Je m'informe

de ces dames. J'apprends que Mlle de... Attends donc... Bon !... je ne me souviens plus du nom, a pu regagner saine et sauve son hôtel avec sa mère... (*Un silence.*)

DORTHEZ

Tu t'arrêtes ?

FRÉDÉRIC

Sa mère ! Cela ne te suffit pas ? Eh bien ! moi, ça m'a suffi... et je ne suis plus repassé devant l'hôtel.

DORTHEZ

C'est insensé ! c'est fou ! sans même savoir.

FRÉDÉRIC

Non ! non ! Jamais ! jamais ! je l'ai juré. J'aime mieux mourir de ma belle mort, que de ma belle-mère.

DORTHEZ

Je suis médecin, et je soignerai cela. En attendant, mon fils, va te reposer avant le déjeuner... Je te ferai prévenir.

SCÈNE TROISIÈME

LES MÊMES, MIETTE.

MIETTE

Une lettre, monsieur, c'est un commissionnaire qui l'apporte. (*Dorthez lit et paraît triste.*)

FRÉDÉRIC

Vous paraissez chagrin, mon oncle.

DORTHEZ

Oui. Une mauvaise nouvelle. Une malade que j'aime infiniment et qui est forcée de venir chercher ici la santé. On m'annonce son arrivée. Que j'en ai vu partir hélas ! de jeunes filles !

FRÉDÉRIC

Moi ! jamais de belles-mères.

DORTHEZ

Cela arrive cependant quelquefois.

FRÉDÉRIC

C'est un bruit qu'elles font courir. Elles sont immortelles, mais un peu plus de quarante.

DORTHEZ

Trêve à tes folies. Voici ta chambre et laisse-moi un instant ; je vais avoir à faire.

FRÉDÉRIC

Moi ! je vais rêver à la Circassie, pays admirable, où l'on épouse sans épouser, et où l'on prend la fille sans la mère... (*Il sort.*)

SCÈNE QUATRIÈME

DORTHEZ, seul.

Cette maladie déroute tous mes projets. J'avais toujours rêvé marier ce jeune fou, avec la fille de madame de Bellamare. La voilà malade. Ne le fût-elle pas, ma-

dame de Bellamare est vivante, trop vivante, et pour
ramener mon neveu, il est difficile de la décider à faire
le bonheur de cet écervelé. On me demanderait de faire
ma fille orpheline, pour la marier, que j'y regarderais,
moi, à deux fois. Ce serait un peu trop romain.

SCÈNE CINQUIÈME

MADAME DE BELLAMARE, DORTHEZ, MIETTE.

MADAME DE BELLAMARE

Nous voici, cher ami.

DORTHEZ

Et Cyprienne ?

MADAME DE BELLAMARE

En bas, dans la voiture.

DORTHEZ

Je vous attendais. Votre appartement est prêt.

MADAME DE BELLAMARE

Dorthez ! Quel chagrin ! Ma fille est perdue !

DORTHEZ, avec une gaîté affectée.

Tout n'est pas désespéré. De quel mal souffre-t-elle ?

MADAME DE BELLAMARE

Bizarre, mon cher ami, on ne peut plus bizarre. Elle
devient pâle, plus pâle de jour en jour. Elle maigrit, ne
mange rien, ne parle pas, et ne dort jamais. A quelque

heure qu'on entre dans sa chambre, on la trouve éveillée
et pleurant. Rien ne peut la distraire.

DORTHEZ

Et que vous dit votre médecin ?

MADAME DE BELLAMARE

Il craint pour la poitrine ! Je suis bien malheureuse !

DORTHEZ

Allez la chercher, chère amie. Nous l'installerons ici,
en attendant que tout soit terminé dans votre appartement.

MADAME DE BELLAMARE

Je reviens. (*Elle sort.*)

DORTHEZ, à Miette.

Miette, veillez bien à ce que mademoiselle Cyprienne
ne manque de rien, et qu'il y ait toujours quelqu'un à
sa portée en cas d'accident. Je vous la confie. Vous la
soignerez comme ma... comme votre propre fille.

SCÈNE SIXIÈME

CYPRIENNE, MADAME DE BELLAMARE, DORTHEZ, MIETTE.

MADAME DE BELLAMARE, à Cyprienne.

Un peu de courage... tu n'as plus que quelques pas à
faire.

CYPRIENNE

Chère mère, soutiens-moi. Je ne puis plus faire un mouvement. Les forces me manquent.

DORTHEZ

Une nuit en chemin de fer! Et vous n'avez rien pris! Vite, Miette, quelque chose, un potage. Prenez mon bras, Cyprienne. Appuyez fort. Ne craignez rien. Tenez, asseyez-vous dans ce grand fauteuil, au coin de la cheminée, en face de ce beau paysage. Pendant ce temps, votre mère ira présider à votre installation.

MADAME DE BELLAMARE

J'y vais, et je reviens. (*Elle sort.*)

DORTHEZ, à Miette qui rentre.

C'est bien, Miette, mettez tout cela, là, et allez aider madame de Bellamare. (*Miette sort.*)

CYPRIENNE

Que je suis lasse! que tout est triste ici! Dans quel pays m'avez-vous donc menée, grand Dieu? En sortant de la gare, j'ai vu une toute jeune fille, blonde comme moi, grande comme moi, de mon âge, appuyée sur le bras de sa mère, marchant à pas lents, la bouche couverte d'un bandeau noir. Docteur! si c'est comme cela qu'on doit me voir, faites-moi retourner à Paris, où j'étais si heureuse.

DORTHEZ

Tout cela ce sont des folies!

CYPRIENNE

Ah! il ne me reste plus d'espoir, je le sens bien.

DORTHEZ

Mais, enfin ! qu'avez-vous ? D'où souffrez-vous ?

CYPRIENNE

Je n'en sais rien. Je suis faible et je m'en vais. Cher docteur, je suis bien malheureuse ! (*Elle fond en larmes.*)

DORTHEZ

Vous m'effrayez ! Est-ce quelque chose que vous puissiez me dire ? (*A part.*) Diable ! (*Haut.*) Avez-vous un secret que vous cachiez à votre mère et qui puisse m'être confié ? Un médecin, c'est plus qu'un confesseur. (*A part.*) Elle me fait véritablement trembler, cette petite. (*Haut.*) Parlez, parlez, je vous en prie. Ayez un peu de confiance.

CYPRIENNE, qui le regarde un instant hésitante.

Non ! mon cher docteur, je n'ai rien à vous dire. Je souffre, voilà tout.

DORTHEZ, à part.

Tout ceci est bien bizarre. (*Haut.*) Un instant, mon enfant, je reviens tout de suite. Je vais voir si vous ne pourrez pas monter chez vous dans un instant. (*A part.*) La mère me donnera peut-être le mot de cette énigme. (*Il sort.*)

SCÈNE SEPTIÈME

CYPRIENNE

Non ! je ne veux pas rester ici ! J'y serais trop malheureuse ! Trop loin de tout... de tout ce que j'aimais.

Seule... sans mes amies... sans... Oh ! tais-toi... reste
enseveli dans le fond de mon cœur, pauvre petit secret,
rêve que je ne puis avouer ! Là-bas ! je pouvais encore
tromper ma peine... je trouvais mille choses qui me le
rappelaient et m'aidaient à vivre... Ici ! quel vide ! A
quoi me rattacher ? A quelle espérance m'arrêter ? Je
suis seule... seule... et personne ne peut me comprendre. (*Elle pleure.*)

SCÈNE HUITIÈME

CYPRIENNE, FRÉDÉRIC.

FRÉDÉRIC, sortant furieux de sa chambre.

Mon oncle ! c'est intolérable ! ne pourriez-vous dire à
ce damné torrent de se taire une heure où deux ? Il est
impossible de dormir ! Quel horrible pays ! (*Apercevant
Cyprienne dans son fauteuil.*) Tiens ! la maison s'est
meublée pendant mon absence... un joli petit meuble...
renaissance... (*Cyprienne, se retournant, pousse un cri
et s'évanouit.*) Tiens ! la petite de l'accident ! Allons
bon !... la voilà qui se trouve mal ! Comment faire ? Je ne
sais pas soigner les évanouissements honnêtes... moi !
Si c'était Clara ! Une carafe d'eau à la figure... une
clef dans le dos, et c'était fait. Mais avec ces petites demoiselles... Comment s'y prendre ? (*Lui tapant dans les
mains.*) Allons, mademoiselle... allons ! Mais elle se
meurt... Il faut pourtant essayer quelque chose... Elle
étouffe !... Elle est trop serrée... La dégrafer !...
Comment s'y prendre ?... Je n'ose... De l'air ! Ouvrons

les fenêtres... Mademoiselle !... Elle ne reprend pas ses sens... Mademoiselle !... (*Se mettant à genoux devant elle.*) Mademoiselle, revenez à vous... je vous en prie.

SCÈNE NEUVIÈME

LES MÊMES, DORTHEZ.

FRÉDÉRIC

Mon oncle ! mon oncle ! Vite à mon secours...

DORTHEZ.

Qu'y a-t-il ?

FRÉDÉRIC

Cette enfant se meurt... je ne puis la ranimer.

DORTHEZ

Cyprienne ! Cyprienne ! Et rien sur moi ! Frédéric ! ne la quitte pas... Des sels... vite... des sels !
(*Frédéric, à genoux, tient la main de Cyprienne dans les siennes.*)

CYPRIENNE, rouvrant les yeux.

Qu'est-ce ? Où suis-je ? Monsieur Dorthez... (*Apercevant Frédéric.*) Lui !...

DORTHEZ, à part.

Frédéric ! Qu'est-ce à dire ?

CYPRIENNE

Ah ! pourquoi m'avez-vous réveillée ? (*Elle fond en larmes.*)

DORTHEZ, à part.

Tiens, tiens!... aurions-nous trouvé le remède? Frédéric! Cyprienne! (*Haut à Frédéric.*) Toi! ta place n'est pas ici, file! Du moins sois circonspect. En attendant va chercher Miette et ne reviens que quand je t'appellerai!... Ah! demande à Miette ma trousse et ma boîte d'ambulance.

FRÉDÉRIC, à part.

Infirmier!!... je file ce soir.

SCÈNE DIXIÈME

CYPRIENNE, DORTHEZ.

DORTHEZ

Et voilà votre secret, Cyprienne?

CYPRIENNE

J'en mourrai!

DORTHEZ

Comment! c'était mon neveu!

CYPRIENNE

Monsieur Frédéric! votre neveu! Seigneur! il y a donc de l'espoir!

DORTHEZ

Vous ne le saviez donc pas?

CYPRIENNE

Et comment voulez-vous que je l'aie su, cher docteur ?
Nous étions dans cette voiture, ma mère et moi. Nous
avions perdu la tête... Tout à coup, je sens deux bras
vigoureux me saisir. J'ouvre les yeux... et je reconnais le
jeune homme qui passait tous les matins sous mes fenêtres. Mon cœur ne fait qu'un saut, et je me trouve
mal tout à fait... On nous reconduisit à notre hôtel, et à
partir de ce jour j'ai senti la vie m'abandonner peu à peu.
Il ne revint pas le lendemain... ni le jour d'après... ni les
jours suivants. Je devins folle d'angoisse. Aurait-il été
tué en me sauvant? Je demandai. J'appris qu'il avait été
renversé... relevé inanimé. Sur mes prières, ma mère
s'informa de notre sauveur. En vain ! personne ne savait
son nom. Il avait disparu. Peut-être expirait-il en m'appelant !... Je perdis la tête... Le chagrin commença son
ravage. Je pleurais, pleurais toujours. Je n'osais dire
mon secret à personne, et l'on m'a emmenée ici, mou-
rante de désespoir. J'y serais restée... sans cette rencontre inespérée.

DORTHEZ

Vous aime-t-il, mon enfant?

CYPRIENNE

Le sais-je? Je ne lui ai jamais parlé.

DORTHEZ, se frappant le front.

Ah! quelle inspiration ! Espérez, chère enfant, espérez !
et laissez-moi faire...

SCÈNE ONZIÈME

MADAME DE BELLAMARE, CYPRIENNE, DORTHEZ.

MADAME DE BELLAMARE

Que vois-je? Ma fille pâle et tout émue... le docteur auprès d'elle... des fioles... que s'est-il donc passé?

DORTHEZ

Rien de grave... au contraire... Une bonne nouvelle. Vous pouvez sauver votre fille.

MADAME DE BELLAMARE

Elle est donc en danger?

DORTHEZ

Sans vous, elle est perdue. Vous pouvez tout faire, et vous seule.

MADAME DE BELLAMARE

Parlez! parlez! Ma vie, vous faut-il ma vie? Prenez-là!...

DORTHEZ, à part.

Si on la prenait au mot?... Il en sera toujours temps. (*Haut en riant.*) C'est une solution à laquelle j'avais déjà pensé, mais...

MADAME DE BELLAMARE

Voyons! parlez... mais parlez donc!

DORTHEZ

Cyprienne aime...

MADAME DE BELLAMARE

Sans avoir consulté votre mère, Cyprienne! Et vous, Dorthez, vous le saviez... avant moi! Oh! ces enfants... ces enfants!

DORTHEZ

Nous perdons du temps. Vous pourrez vous rattraper sur votre gendre.

MADAME DE BELLAMARE

Gendre ou non, il ne l'emportera pas en paradis...

DORTHEZ, à part.

Frédéric n'est pas si fou. (*Haut.*) Pressons-nous. Votre fille se meurt... parce qu'elle n'est pas aimée...

MADAME DE BELLAMARE

Je voudrais bien voir qu'on l'aimât sans mon consentement!

DORTHEZ

Que de paroles!... Cyprienne n'est pas aimée... maintenant... mais elle peut l'être... dans un instant. Cela dépend uniquement de vous.

MADAME DE BELLAMARE

Nous jouons aux énigmes. Que voulez-vous?

DORTHEZ

Le parti est sortable. Le jeune homme est bien... de bonne famille... c'est...

CYPRIENNE

Monsieur Frédéric, maman...

MADAME DE BELLAMARE

Taisez-vous ! je ne vous parle pas !... Monsieur Frédéric ? Qu'est-ce que cela, môsieur Frédéric ?

CYPRIENNE

Monsieur Frédéric Dorthez...

MADAME DE BELLAMARE

Vous tairez-vous ! Frédéric... votre neveu... Dorthez !... Cet enfant...

DORTHEZ

Il y a six ans que vous ne l'avez vu. C'est à présent un beau jeune homme...

CYPRIENNE

Oh ! oui, maman !

MADAME DE BELLAMARE

Pour la dernière fois je vous prie de vous taire... Parlez, Dorthez.

DORTHEZ, à part.

Ah ! mon pauvre Frédéric ! (*Haut.*) Frédéric...

MADAME DE BELLAMARE

Où est-il ce monstre ! que je lui arrache les yeux !...

DORTHEZ

Gardez cela pour après la noce... si toutefois elle se fait... Mon neveu est un fou...

MADAME DE BELLAMARE

Jolie recommandation...

DORTHEZ, hésitant.

Qui...

MADAME DE BELLAMARE

Eh bien?

DORTHEZ, hésitant.

Que...

MADAME DE BELLAMARE

En finirez-vous avec vos hésitations?

DORTHEZ

En deux mots... voici le fait. C'est délicat... Il a juré...
par le plus effroyable des serments... de ne jamais épouser une fille qui... qui... qui aurait encore sa mère.

MADAME DE BELLAMARE

Il peut attendre, alors!

DORTHEZ

J'en étais sûr! Or... depuis cet accident qui a failli
vous coûter la vie, Cyprienne aime son sauveur.

MADAME DE BELLAMARE

Je comprends de moins en moins. Comment! ce jeune
téméraire qui s'est jeté à la tête de nos chevaux... c'é-
tait...

CYPRIENNE

Frédéric! oui, maman, monsieur Frédéric!

MADAME DE BELLAMARE

Où est-il? où est-il? ce cher enfant...

DORTHEZ, vivement.

Ah ! c'est là précisément ce que je redoute. S'il vous voit... tout est perdu.

MADAME DE BELLAMARE

Je m'y perds. Vous voulez me faire mourir avec tous ces mystères !

DORTHEZ

Mais, mère aveugle, comprenez donc la vérité !... Vous êtes mère, la mère... la belle-mère... malheureuse ! et il n'aimera plus Cyprienne dès qu'il vous verra.

MADAME DE BELLAMARE

C'est par trop sot, cela !

DORTHEZ

Que voulez-vous que j'y fasse ? C'est ainsi ! Sans Frédéric, Cyprienne se meurt. Vous offriez tout à l'heure votre vie. Voilà l'instant du sacrifice.

MADAME DE BELLAMARE

Je vous trouve bon, Dorthez ! Me voyez-vous en Iphigénie ?

DORTHEZ, riant.

Nous ne vous demandons qu'un jour de votre existence !

MADAME DE BELLAMARE

Cela vous fait rire ! Je vous trouve plaisant. Un jour ! mais comment vous donner une minute... même une seconde...

DORTHEZ

Cela dépend cependant de vous! Faites Cyprienne
orpheline... pendant un jour... disparaissez... consentez
à n'être pas une mère, mais une sœur, une amie, une
parente : que Cyprienne de son côté se prête à cette
petite comédie...

MADAME DE BELLAMARE

Moi! Jamais! Comment! Vous osez me demander
cela, à moi! Ce n'est pas un sacrifice... c'est une insulte!
Je ne vous en veux pas... à vous... mais à ce...

DORTHEZ

Préférez-vous que votre fille...

MADAME DE BELLAMARE

Allons donc!

DORTHEZ

Calmez-vous, chère amie. Je ne vous demande pas
une immolation... même de vingt-quatre heures. C'est
une épreuve à tenter sur cet écervelé. S'il aime véritablement votre fille, il ne pensera plus à sa folie quand
il saura être aimé. C'est l'épreuve de son cœur...

CYPRIENNE

Maman ! je t'en prie.

MADAME DE BELLAMARE

Hélas!... Voyons, que faut-il faire ?

DORTHEZ

Consentez à n'être que la gouvernante de votre fille,
pour aujourd'hui seulement. De cette façon vous ne la

quitterez pas. Mais évitez de parler comme une mère. Vous êtes jeune... toujours belle. Vieillissez-vous un peu.

MADAME DE BELLAMARE

Ah! quel sacrifice vous me demandez!

DORTHEZ

Quittez cette élégante toilette.

MADAME DE BELLAMARE

Moi! Mais je suis de la dernière simplicité.

DORTHEZ

En effet. (*Allant à la porte et parlant à Miette invisible.*) Cependant Miette va vous prêter sa jupe de mérinos noir. Miette! allez vite la chercher.

MADAME DE BELLAMARE

Ah!... Dorthez! comment! c'est sérieux?

DORTHEZ

Très sérieux. Songez à votre fille.

SCÈNE DOUZIÈME

LES MÊMES, MIETTE. (Miette rentrant.)

DORTHEZ

Dame Miette, dépêchons, il faut aider madame de Bellamare à se mettre le plus simplement possible, bref, l'habiller comme vous êtes : c'est une surprise que nous ménageons à M. Frédéric. Surtout pas un mot...

MIETTE, habillant madame de Bellamare.

Quelle taille, madame! Il faudrait épaissir tout cela.

MADAME DE BELLAMARE

Ah! Cyprienne! tu peux bien dire que je t'aime!

DORTHEZ

Vous avez toujours l'air d'une reine!

MIETTE

Allons! madame, ce bonnet. Cachons ces beaux cheveux, sous un tour... Ne craignez rien, il est tout neuf.

MADAME DE BELLAMARE

Suis-je assez laide!

DORTHEZ

Tant mieux! Tant mieux! Allons! moins d'aisance,
plus de raideur...

MIETTE

Tenez encore, madame, cette chaîne de cou, ce mé-
daillon.

DORTHEZ

C'est parfait.

MIETTE

Ce tablier de soie à poches... Ce fichu sur les épaules.

CYPRIENNE, riant.

Pauvre maman!

MADAME DE BELLAMARE, à sa fille.

Sans cœur!

CYPRIENNE, battant des mains.

Du courage, maman !

MADAME DE BELLAMARE

Ah ! oui !

DORTHEZ

Le costume est bien. Maintenant tâchez de faire un peu comme maman Miette. Allons Miette ! faites répéter madame.

MIETTE

Tenez, regardez-moi, madame ! On se courbe un peu, on ne regarde pas si fièrement en face. Tenez ce petit plumeau. On époussète sur la cheminée... comme cela...

MADAME DE BELLAMARE

Ainsi ?...

MIETTE

C'est du bout des doigts... Comme ça.

MADAME DE BELLAMARE

Comme cela ?

MIETTE

Trop fort maintenant. On caresse... on ne tape pas. C'est mieux.

MADAME DE BELLAMARE, découragée.

Je ne sais pas. Je ne saurai jamais.

CYPRIENNE, suppliante.

Maman ! je t'aimerai bien, va !

MIETTE

Il y a toujours quelque chose à faire. Un fauteuil à replacer. On déplace au besoin quand tout est bien. On range les livres sur la table... Allons ! allons ! madame.

DORTHEZ

Du courage ! chère amie.

MIETTE

Mademoiselle a besoin d'une tasse de tisane. On prend une tasse, on prend une assiette... Non, il faut l'essuyer d'abord.

MADAME DE BELLAMARE

Comme cela ? (*Elle la laisse tomber.*)

MIETTE

C'est bon ! seulement... on ne casse pas... Présentez maintenant.

MADAME DE BELLAMARE

Tiens, Cyprienne, voilà ta tisane.

MIETTE

Ah ! pas comme ça. On apporte tout doucement, en remuant, on fait une petite révérence. Mais non, mais non. On ne pose pas ainsi sur la table. On reste... on attend. Allons bon ! vous allez l'embrasser. Une gouvernante n'embrasse pas... mais grogne... toujours.

DORTHEZ

Ça ne va pas trop mal. A Cyprienne maintenant.

CYPRIENNE

Maman...

DORTHEZ

Quittez cette habitude. Traitez votre mère en gouver-
narte. Madame Balthazar, si vous voulez.

CYPRIENNE

Ma chère madame Balthazar !

DORTHEZ

Non... Ma bonne Balthazar !

MADAME DE BELLAMARE

Ma fille !

DORTHEZ

Oh !. . Mademoiselle !

MADAME DE BELLAMARE

Jamais je ne pourrai m'y faire !... Mademoiselle !

DORTHEZ

Allons, Cyprienne ! Mais allons donc ! madame Balthazar, veuillez me donner ceci... me donner cela...
Montez me chercher un mouchoir dans ma chambre.

MADAME DE BELLAMARE

Quant à cela ! jamais ! Vous pouvez en être sûr... je
ne la quitte pas d'un pouce.

DORTHEZ

Voyons ! madame Balthazar, une gouvernante ne
reste pas assise dans un fauteuil. Il faut aller, venir. Al-

lons! du mouvement, de l'action! du feu! J'entends
l'ennemi qui rentre. Attention! tenons-nous ferme!
Tout le monde au rideau. Je frappe les trois coups.
Miette, dites à monsieur Frédéric d'apporter ce que je
lui ai demandé.

SCÈNE TREIZIÈME

LES MÊMES, FRÉDÉRIC.

FRÉDÉRIC, entrebâillant la porte.

Puis-je entrer chez moi?

DORTHEZ

Certainement, mon garçon! Je laisse mademoiselle
de Bellamare avec « sa gouvernante ».

FRÉDÉRIC, faisant un soubresaut.

Sa gouvernante?

DORTHEZ

C'est vrai. Je ne t'ai pas encore présenté Mademoiselle de Bellamare. Mon neveu, mademoiselle, monsieur
Frédéric Dorthez. (*Montrant madame de Bellamare.*) La
gouvernante.

FRÉDÉRIC

Et la mère?

DORTHEZ

La mère? Je ne te comprends pas. Il n'y a pas de
mère, et depuis bien longtemps.

FRÉDÉRIC

Pas de mère ! Pas de belle-mère? Qu'est-ce que tu dis là, mon oncle ! Non vrai, bien vrai, Cyprienne a le bonheur... pardon, j'ai le bonheur de trouver l'orpheline de mes rêves ? Mais alors j'adore Cyprienne ! J'en suis fou depuis longtemps, et c'est elle que j'aurais aimée sans mon serment. Pas de mère, ah ! mon bon oncle !... (*Il l'embrasse.*)

DORTHEZ

Ce n'est pas la peine de m'embrasser pour cela. Tu dépenses un capital précieux. Je suis pressé, j'ai beaucoup à faire. Arrange cela comme tu pourras. (*Il sort.*)

SCÈNE QUATORZIÈME

LES MÊMES, moins DORTHEZ

FRÉDÉRIC

Il me laisse seul ! C'est singulier comme je suis ému !... Je n'ai plus l'habitude de parler à des jeunes filles, moi... je ne pensais pas que cela fût si difficile... Mademoiselle... Comment vous trouvez-vous ? (*A part.*) Je vais être bête comme un jeune premier. (*Haut.*) Mademoiselle. (*A part.*) Je me sens très gêné.

CYPRIENNE

Monsieur Frédéric ! répondez franchement. Pourquoi avoir ainsi disparu sans vous nommer ?

FRÉDÉRIC

C'est que... parce que... l'émotion... Vous aviez quelqu'un avec vous... Les journaux... la médaille de sauvetage... ma modestie...

CYPRIENNE

C'est bien tout?

FRÉDÉRIC

Mais oui, mademoiselle.

CYPRIENNE

Tout, tout, tout? Il n'y a pas autre chose?

FRÉDÉRIC

Mais non... je vous assure.

CYPRIENNE

Ah! monsieur Frédéric, c'est bien mal à vous. Vous m'avez fait craindre qu'il ne vous fût arrivé un malheur. Pourquoi donc n'êtes-vous plus repassé sous nos fenêtres?

FRÉDÉRIC, vivement.

Mon cheval... mademoiselle... mon cheval. Je n'ai jamais pu le décider à y repasser. (*Madame de Bellamare casse une assiette.*) Elle n'est pas très adroite votre madame Balthazar, mademoiselle.

CYPRIENNE

Oui, elle casse un peu. Ainsi donc votre cheval avait eu peur... de quoi?

FRÉDÉRIC

Il avait sans doute vu quelque chose qui l'avait effrayé.

CYPRIENNE

Quelque chose qui l'avait effrayé ? Une ombre ?... Un ruisseau ?... Un bras de mer... peut-être ? ...

FRÉDÉRIC

Ah ! Mademoiselle Cyprienne, mon oncle vous aura tout dit... pardonnez-moi cette faiblesse... mais du moment que je sais que vous êtes seule au monde, que je puis avoir l'espoir de remplacer tout ce que vous avez perdu, mon cœur effarouché par cet épouvantail de toute ma vie, une belle-mère...

MADAME DE BELLAMARE, bousculant une chaise.

Gredin !...

FRÉDÉRIC

Mon cœur peut désormais s'ouvrir. Je vous aimais et n'osais vous le dire. Mais, maintenant, je puis l'avouer sans crainte... Je vous aime... Vous pâlissez !

MADAME DE BELLAMARE

Ma... Mademoiselle ! Monsieur... cette enfant si faible.. je ne puis...

FRÉDÉRIC, à Cyprienne.

Elle est un peu gênante, votre madame Balthazar. Elle casse et cause trop. Ne pourriez-vous pas lui dire, mon enfant, d'être un peu moins empressée ?

CYPRIENNE

·La pauvre femme ! Pardonnez-lui, monsieur Fredéric,
elle ne m'a jamais quittée.

FRÉDÉRIC

C'est égal... je la trouve bien désagréable.

MADAME DE BELLAMARE, à part.

Tu me le paieras !

FRÉDÉRIC

... Sa présence m'empêche de vous ouvrir mon
cœur.

CYPRIENNE

Ne craignez rien... elle est un peu sourde.

MADAME DE BELLAMARE

Oui, mais pas aveugle, heureusement.

CYPRIENNE

Néanmoins je vais lui dire de se tenir un peu plus à
l'écart.

FRÉDÉRIC

Madame Balthazar, il manque du bois dans la cheminée. Allez en demander.

MADAME DE BELLAMARE, sèchement.

C'est inutile, monsieur, il y en a suffisamment pour
toute la nuit.

FRÉDÉRIC

Je vous dis, moi, qu'il en manque. On gèle ici.
Veuillez en demander, je vous le répète.

MADAME DE BELLAMARE, à part.

Si tu crois que tu vas me faire partir d'ici! (*Haut.*) Je vais sonner pour en faire venir.

FRÉDÉRIC, à part.

Elle m'agace cette vieille! (*Haut.*) Je vous répète, madame Balthazar, que mademoiselle Cyprienne a froid. Si vous ne voulez pas faire de feu... donnez au moins cette couverture... Allons! allons! plus vite que cela! (*A Cyprienne.*) Vous êtes singulièrement servie, mademoiselle, ce serait moi, je ne garderais pas une demi-heure de plus une domestique aussi têtue.

CYPRIENNE

Je vous en prie, ma... ma bonne Balthazar, pour l'amour de moi... faites ce que monsieur Frédéric désire... Ne me contrariez pas. Laissez-nous causer tranquillement... il y a des livres sur cette table.

MADAME DE BELLAMARE

C'est bien, mademoiselle, c'est bien! (*A part.*) je vais prendre un livre, mais si j'en lis une seule ligne!...

FRÉDÉRIC

Elle lit maintenant, votre duègne, ma chère enfant... et je puis vous dire en toute liberté que je vous aime... que je n'ai jamais aimé que vous... Vous êtes mon rêve... toute ma vie...

MADAME DE BELLAMARE, à part.

Il lui parle bien bas, et de bien près. Approchons un peu.

CYPRIENNE

Ah ! Monsieur Frédéric, pourquoi ne m'avoir pas dit cela plus tôt ? Un peu plus, vous me faisiez mourir...

FRÉDÉRIC

Mais vous allez vivre maintenant, vous me le promettez ? (*Apercevant madame de Bellamare qui s'est rapprochée.*) Ah ! ça, madame Balthazar ! vous avez donc la manie d'écouter aux portes ? Une fois pour toutes, je vous prie de me laisser causer avec mademoiselle Cyprienne.

MADAME DE BELLAMARE, à part.

Je ne sais ce qui me retient de lui arracher les yeux... patientons pourtant (*Haut.*) J'avais cru que mademoiselle m'avait appelée.

FRÉDÉRIC, à part.

M'agace-t-elle ! m'agace-t-elle ! Ah ! celle-là est bien sûre qu'elle ne restera pas à mon service. (*Haut.*) Madame Balthazar, je crois que mon oncle vous appelle.

MADAME DE BELLAMARE

J'y vais. (*Fausse sortie.— A part.*) Je reste.

CYPRIENNE

Ah ! monsieur Frédéric, quel bien me font vos paroles. Ainsi donc, vous voulez bien de Cyprienne comme compagne, monsieur le sauvage ?

FRÉDÉRIC

Comme épouse ! comme amie, ma chère enfant ! je vous demande pardon de ne pas vous avoir aimée plus tôt.

MADAME DE BELLAMARE

Mademoiselle a sonné ?

FRÉDÉRIC, à part.

Elle me fera mourir, cette maudite surveillante! (*Haut à madame de Bellamare.*) Vous! si vous revenez encore une fois, je me connais... je ferai un malheur.

MADAME DE BELLAMARE, à part.

Quelle patience! (*Haut.*) Mais, monsieur, c'est que je tremble pour cette enfant si frêle... un rien peut la briser.

CYPRIENNE

Mon ami, revenez près de moi, je vous prie, et laissez cette pauvre Balthazar. Son dévouement est peut-être un peu gauche, mais elle m'aime tant! vous l'aimerez pour me faire plaisir, elle m'aime comme une mère.

FRÉDÉRIC, sombre.

Ça sent la belle-mère, ici !

CYPRIENNE

Y pensez-vous? voilà plus de cinq ans que je suis seule... seule au monde !

FRÉDÉRIC

Orpheline! Pauvre enfant! chère enfant! Ah! donnez-moi votre main, je veux ne la lâcher que quand vous m'aurez promis d'être ma femme.

CYPRIENNE

Donnez-moi votre main plutôt, laissez-la dans la mienne. Je sens qu'elle me rend la vie, à chacun des battements de votre cœur que j'entends battre près du mien. Ah ! ne me quittez pas maintenant !

SCÈNE QUINZIÈME

LES MÊMES, DORTHEZ.

(*Le docteur est rentré pendant ce temps et s'est rapproché de madame de Bellamare.*)

DORTHEZ, à madame de Bellamare.

Je crois que nos affaires sont en bonne voie.

MADAME DE BELLAMARE, à Dorthez.

Trop vite, mon ami, et je tremble pour l'épreuve finale.

FRÉDÉRIC

Ah ! vois-tu !... pardon, voyez-vous, Cyprienne ! rien n'égale votre cœur.

MADAME DE BELLAMARE, à Dorthez.

Dieu me pardonne, je crois qu'il la tutoie ! (*Elle s'élance. Dorthez la retient.*)

DORTHEZ, à madame de Bellamare.

Un instant de patience ! Vous allez tout casser !

FRÉDÉRIC

Oh ! ma Cyprienne ! j'étais un fou... un misérable. Je vivais comme un étourdi, courant après le bonheur qui m'attendait... ici. Vous êtes un ange ! Je vous cherchais, je vous ai trouvée, je vous aime et ne puis désormais vivre sans vous.

CYPRIENNE

Ah ! mon cœur ne résistera pas à tant de joie ! Frédéric ! et moi aussi... je vous...

FRÉDÉRIC

Pourquoi hésiter ? pourquoi trembler ? Parlez, parlez encore, je vous en prie !

CYPRIENNE

Frédéric ! que la vie doit être belle, quand on s'aime !

MADAME DE BELLAMARE, à Dorthez.

Elle va bien, la petite masque ! Qui donc a pu lui apprendre toutes ces belles choses ?

DORTHEZ, à madame de Bellamare.

Elles trouvent cela toutes seules, les petites filles... la médecine n'a jamais bien su comment !

FRÉDÉRIC

Chère Cyprienne ! Ce moment est sacré ! Personne ne nous voit... nous sommes seuls... Prenez ce premier baiser de votre époux !... (*Il va pour l'embrasser.*)

MADAME DE BELLAMARE, s'élançant.

Ah ! pour le coup, c'est trop fort cela ! Une mère ne peut tolérer sous ses yeux une pareille familiarité. Ma fille, rentrez chez vous !

FRÉDÉRIC

Ma fille ?... Cyprienne !... C'est donc ?...

CYPRIENNE

Ma mère ! (*Un silence.*)

FRÉDÉRIC, abasourdi.

Cyprienne !... Une mère !... Mon serment !... Que
se passe-t-il en moi ?... Je tremble... j'hésite ! Ce déguisement... mes insolences... Elle le savait ! Elle n'a rien
dit ! Elle a tout supporté !... Elle a consenti à jouer ce
rôle... pour sa fille ! C'est sublime !... Une mère capable d'un pareil sacrifice !... Non... ce n'est pas une
belle-mère !... (*Avec feu.*) Embrassons-nous, maman !
(*Il se jette dans les bras de madame de Bellamare.*)

MADAME DE BELLAMARE, l'embrassant.

Mon fils ! (*A part.*) Si tu crois, toi ! que j'oublie quel
rôle tu m'as fait jouer !... Une fois marié... tu verras ! ..

Fin.

LE PENDU

Monologue

Par M. Charles CROS

LE PENDU

Ne faites pas attention ! — C'est un tic, un geste qui m'est resté depuis mon affaire.

Quelle affaire ? Ah ! C'est juste. Je ne vous avais pas dit que j'ai été pendu. Oui, pendu... Ça vient de ce que je n'ai jamais eu de chance.

Tenez ! quand j'étais petit, on me donnait des tartines de confitures ou des tartines de beurre — ça dépendait de l'heure qu'il était. — Eh bien ! je laissais toujours tomber ma tartine par terre, et elle tombait toujours du mauvais côté, ou plutôt du bon (du côté du beurre ou de la confiture), et il y avait toujours de la poussière par terre ! Tout ça indique mon manque de chance. (*Tic.*)

Ensuite ? Ça a continué. Au collège, on m'avait promis le troisième prix de gymnastique. (Je n'avais jamais eu de prix.)

Pour travailler mon prix, une nuit, je quitte le dortoir, je descends par une rigole dans la cour de gymnase et je commence mon travail au trapèze. Je veux faire un tourniquet, v'lan, je tombe sur le ventre (comme mes tartines). Je pousse un cri, le veilleur arrive et me rapporte dans mon lit. J'ai eu quinze jours de coliques et

trois cents lignes à écrire par jour dans mes moments...
(*Il se frotte le ventre.*) tranquilles. Quant au prix, vous
comprenez? après cette escapade, pst. (*Geste de couper
l'air.*)

Tout ça indique un manque de chance! (*Tic.*) Et
pourtant, à vingt ans, tout me souriait! J'avais de la fortune, du talent, non, pas de talent, mais de l'entrain. Je
respirais les fleurs! Et quand je voyais passer une femme
(Oh! une femme quelconque), je me sentais (*Tic.*) heureux de vivre.

Oh! Les femmes!.. C'est pour ça que j'ai travaillé la
danse; j'ai énormément travaillé la danse. — Mais je
n'ai jamais dansé. Je n'aurais jamais osé, avec mon
manque de chance.

Oh! Que j'en ai vu de jeunes filles charmantes! Mais
je ne leur ai jamais parlé. C'est drôle! elles ne me par-
laient jamais non plus.

C'était trop manquer de chance! Alors, pour m'étour-
dir, je me suis livré à la débauche. Avec de l'argent, on a
tout... Eh bien! moi, je n'avais rien pour mon argent ou,
si j'ai eu quelque chose, ce n'était pas amusant. Mes amis
cassaient des vitres, et je payais toujours les contraventions.

Ça ma coûté cher, toutes ces contraventions! Alors je
me suis fait recevoir au cercle des Ahuris (c'est le plus
sérieux) pour réparer par le jeu les pertes de la débauche. (*Tic.*)

Je suis très joueur — j'ai des manies, des fétiches. Je
me dis : Malheureux en amour, donc heureux au jeu.
Vous comprenez? Je retournais le proverbe. — Je joue
donc; je perds. Anatole me dit : Continue, la veine va
venir! Je continue, je perds. Anatole m'encourage : je

double, je triple, je quadruple mes enjeux et enfin...
J'ai tout perdu, ou à peu près.

Il ne me restait que ma carrière de meulière à la Fer-
té-sous-Jouarre!.. J'étais fou.. Anatole disait : Pauvre
garçon! On voit bien qu'il n'a pas de la corde de pendu
dans la poche.

A ces mots, je rentre chez moi. Je liquide mes titres.
J'envoie Jean, mon valet de chambre, payer cette
effroyable dette, et je me mets à réfléchir. Je réfléchis
souvent à cause de ma mauvaise chance. De la corde de
pendu... c'est une manie! Un fétiche! Ça doit réussir,
ça me réussira.

Il me restait deux francs cinquante dans la poche. Je
sors comme un chien enragé. Je marchais, je courais!
Je vois une boutique : Martin, cordier. J'entre. —
Donnez-moi deux francs cinquante de corde de pendu.

Martin sourit : il plaisante; — Je n'en ai pas, mais voilà
de la bonne marchandise pour en faire.

Je prends le paquet de corde, je rentre chez moi et je
dîne. Je dis à Jean : — Demain, à onze heures cinq, tu
me réveilleras, ou je te chasse!

C'est comme ça que je lui parle, aussi il est très dé-
voué. (*Tic.*)

Après dîner, je réfléchis et... je me couche. J'ai dormi! Comme un pavé.

Le malheur fait dormir.

Le lendemain, je m'éveille — il était dix heures. Je me
mets à réfléchir. Ma carrière de meulière à la Ferté-sous-
Jouarre, ça rapporte, ça rapporte... Je ne sais pas ce
que ça rapporte... Mon notaire le sait. Je crois que ce
n'est pas grand'chose. Et puis je ne peux pas habiter

une carrière. Et manger? Ça 'ne se mange pas la meulière.

Il y avait le paquet de corde sur le pouff. Pas un instant à perdre : — Jean devait entrer à onze heures cinq !

Je monte sur le pouff, — je décroche du milieu du plafond une lanterne vénitienne qui me sert de veilleuse;
je passe la corde dans l'anneau de la rosace, je redescends
du pouff et je réfléchis... Je réfléchis souvent à cause de
ma mauvaise chance. (*Tic.*)

Il était onze heures trois minutes. Je fais un nœud
coulant, non, un nœud marin. Au collège j'étais très fort
pour faire du filet et des nœuds marins. Je jette un
coup d'œil sur ma toilette et sur ma vie passée.

Il était onze heures quatre minutes; je remonte sur le
pouff.

Je me passe le nœud marin autour du cou, et, l'œil
sur la pendule, je réfléchis.

Mon cœur battait comme si j'avais eu cinquante
louis engagés sur le tapis vert.

Onze heures quatre minutes et demie. J'entends le pas
lourd de Jean qui vient me réveiller. Jean approche, il
va tourner le bouton de la porte...

Pouff! Un coup de pied au pouff, et...

Èh bien! on se fait généralement une fausse idée de
la pendaison.

J'ai senti comme... comme une espèce de... enfin!
j'ai éprouvé.. non vraiment, je ne peux pas vous expliquer ça. Enfin, pour me comprendre, il faudrait que
vous-même, vous.. mais vous ne voudriez pas.

Enfin, quand je suis revenu à moi, j'étais sur mon lit,
inondé d'eau de mélisse.

Je veux crier : Où est la corde? mais je n'ai pas pu,

parce que j'étais très enroué. C'est curieux, cet enrouement ! (*Tic.*)

Voici ce qui s'était passé.

J'étais à peine en l'air que Jean est entré, m'a vu gigoter et ma décroché tout de suite.

J'ai voulu me lever pour aller chercher la corde, mais j'avais un mal aux reins ! Voilà ce que les médecins ne savent pas ! Quels liens mystérieux unissent le cou aux reins !

Je me suis fait frictionner, et le soir je suis retourné, tout éclopé, au cercle. J'avais de ma corde dans la poche.

On jouait gros jeu. Je mets ma carrière de meulière sur un coup de baccarat et.. je gagne !

J'ai tout laissé : l'argent et la carrière, et j'ai encore gagné.

Enfin j'ai passé cinq fois. J'avais regagné toute ma fortune, sauf un pré et dix vaches dans l'Ouest. J'ai jugé prudent de m'en tenir là. Du reste personne ne voulait plus tenir contre moi.

Eh bien ! ça a l'air d'être de la chance ?

Pas du tout. Depuis ce temps-là j'ai beau jouer à tort et à travers, je ne puis plus rien gagner ni rien perdre. Je n'ai ni bonheur ni malheur. Ce n'est pas de la chance, ça !

J'allais oublier de vous raconter comment je me suis fiancé, — croyant à la vertu de ma corde. J'épouse demain une personne très convenable que je ne déteste pas, certes, que j'estime même. Mais ce n'est pas là de l'amour, de l'amour qui veut s'assouvir !

Anatole à qui je racontais tout ça, m'a dit une chose très remarquable : — Tu n'es pas un vrai pendu, tu n'as pas été pendu légalement, au nom de la loi, d'après le Code, pour un vrai crime. Ta corde n'a donné son effet qu'à moitié.

C'est vrai ce qu'il disait; — et il a ajouté que pour vaincre la chance, il faudrait me marier et être...

Eh bien! voyez la bizarrerie de mon sort! D'après la nature si convenable, si tranquille de ma fiancée, il est impossible que cela m'arrive. (*Tic.*)...

Je vais commander les voitures.. Bonsoir.

Fin.

A L'ESSAI

Comédie en un acte

PAR MM. A. CAHEN ET G. SUJOL.

PERSONNAGES

FRANÇOIS, domestique.
ROSA CARMEN, danseuse.
LOUISETTE, soubrette.

A L'ESSAI

La scène se passe de nos jours. — Le théâtre représente un salon ; cheminée au fond, glaces, tapis, fauteuils, guéridon, piano à droite. Canapé à gauche. Guéridon au centre. Porte à droite, 2ᵉ plan ; porte à gauche, 2ᵉ plan. Robes sur un fauteuil ; livres, brochures sur le canapé ; assiettes, bouteilles et verres sur la cheminée et sur le piano. Tête de loup, bâton à cirer, plumeau. Sur la table : bouquets, album, corbeilles, tapisserie. Les meubles et les objets indiqués plus haut, dans le plus grand désordre.

SCÈNE PREMIÈRE

LOUISETTE, seule, appuyée sur un balai, une brosse au pied.

Ouf !... Je n'en puis plus ! Quelle boîte ! Quelle baraque... La maison n'est pas tenable, c'est un enfer depuis que Madame a renvoyé Firmin, le valet de chambre. Plus un moment de répit : toujours balayer, cirer, descendre, monter, coudre, repasser ! J'étais si tranquille auparavant ! Firmin était... très bon pour moi. Je n'avais presque pas d'ouvrage, il disait que c'était encore trop... et m'aidait. A présent, impossible de trouver même le temps de s'habiller. Ne devrais-je pas, à cette heure, être coiffée, pomponnée, tirée à quatre épingles, tandis que je suis couverte de poussière (*Elle s'approche de la glace.*) et laide à faire peur ? Je

maigris à vue d'œil, mes pauvres petites mains s'abîment.
On me prendrait pour une cuisinière ! Oh ! Ces maîtres !
Ces danseuses surtout ! Sans les petits profits, comme je
rendrais... comme je jetterais mon tablier !... Allons !
continuons ! (*Elle se remet à travailler.*) Faire frotter
une femme ! (*Elle s'arrête.*) C'est indigne de n'avoir pas
plus pitié que ça d'une faible créature telle que moi ! (*Elle
se remet à l'ouvrage.*) Dire qu'il existe une société protec-
trice des animaux... et rien pour les domestiques ! Décidément non ! J'en ai assez... j'en ai assez !... (*Elle
repousse violemment le balai et la brosse ; vacarme.*)

SCÈNE DEUXIÈME

LOUISETTE, ROSA CARMEN.

ROSA CARMEN, sortant de sa chambre, attirée par le tapage.

Eh bien, mademoiselle Louisette, que signifie tout
ce bruit, qu'y a-t-il ?

LOUISETTE

Il y a... il y a, madame, que je me révolte à la fin,
que je ne suis pas entrée à votre service pour faire un
métier d'esclave. Du reste, Firmin me l'a dit : l'esclavage
est aboli.

ROSA CARMEN

Grâce, mademoiselle, de ce que vous a appris Firmin,
un mauvais valet que j'ai chassé pour ses impertinences !
J'ai peur qu'il ne vous ait déjà enseigné trop de choses !

LOUISETTE

Je vous quitte, et je vous prie de me régler mon compte tout de suite... Je vous fais cadeau de mes huit jours ! (*Elle fait mine de défaire son tablier.*)

ROSA CARMEN

Vraiment ? Et c'est sans doute monsieur Firmin qui vous a inspiré cette belle résolution ?...

LOUISETTE

Possible, madame... possible.

ROSA CARMEN, à part.

Ménageons-la, j'en ai encore besoin. Habituée à mon service, à mes caprices, elle est un peu... un peu... beaucoup plus que je ne voudrais... au courant de mes petites affaires. Elle est, en outre, la seule de mes caméristes qui soit parvenue à me coiffer à mon goût. (*Haut, à Louisette :*) J'excuse ton emportement, car je sais que tu as pour l'instant un surcroît de besogne.

LOUISETTE

C'est heureux que madame en convienne !

ROSA CARMEN

Oui, aucun de mes domestiques ne consent à te rendre la tâche moins lourde. Le cocher prétend que sa position élevée ne lui permet de s'occuper que de ses chevaux et de sa voiture ; la cuisinière, je ne l'ignore pas, a refusé net toute collaboration en dehors de ses fourneaux ; le palefrenier, seul, s'est montré disposé... mais tu l'as remercié en termes un peu vifs... tu lui as dit..

LOUISETTE

Que je ne l'ai pas en odeur... de sainteté, voilà tout

ROSA CARMEN

Tu vois que rien de ce qui se passe ne m'échappe. Calme-toi,.. un peu de patience !... J'apprécie ton dévouement, et je saurai le récompenser.

LOUISETTE

Madame sait bien que je ne la sers pas par intérêt. (*Elle fait sauter un porte-monnaie qu'elle trouve sur la table.*)

ROSA CARMEN

Je connais ton désintéressement. Tiens, garde ce porte monnaie.

LOUISETTE

Merci... madame.

ROSA CARMEN

Ne me remercie pas ! Tes fatigues vont avoir un terme... tu pourras te reposer à ton aise. Je le répète, je ne te demande qu'un peu de patience.

LOUISETTE

Ça n'est pas dommage que cette vie-là cesse, car voyez-vous, madame, bien sûr, je serais tombée malade... Mais alors, j'y pense, Firmin va revenir ? Vous lui pardonnez ?

ROSA CARMEN

Il ne s'agit pas de ce drôle : je suis allée hier, après midi, dans un bureau de placement ; on a promis de me trouver un valet de chambre modèle.

LOUISETTE

Pas aussi parfait que Firmin.

ROSA CARMEN

Au foyer de l'Opéra, j'ai raconté mes ennuis domestiques, et je me suis engagée à accorder une grande faveur à celui de mes nombreux adorateurs qui aura le premier déniché un valet accompli. Le sacrifice que j'exige de toi ne saurait être, désormais, ni long ni pénible. Demain, ce soir, tout à l'heure, peut-être...

LOUISETTE

Ah ! dans mon trouble... (*Elle fouille dans les poches de son tablier.*) Une lettre qu'un commissionnaire a apportée il y a une heure... Je l'avais oubliée. (*Elle fouille dans la poche gauche de son tablier.*) Non, pas celle-là, elle est de Firmin. (*Fouillant dans la poche droite.*) Voici, madame !

ROSA CARMEN

Donne... donne vite !... (*Elle prend la lettre et l'examine.*) Tiens ! du marquis de Riverey, un vieil habitué des coulisses de l'Opéra. Que peut-il me vouloir ? (*Lisant.*) « Chère belle, vous avez commis la faute
« grande, hier, au foyer de la danse, de confier à vos
« bonnes petites camarades l'embarras que vous éprou-
« viez à trouver un domestique. C'est ainsi que mon
« neveu, Gaston de Riverey, jeune sous-préfet que je
« devais vous présenter, l'a appris. Vous ne connaissez
« pas ce polisson de neveu, mais lui, qui vous a aperçue
« à travers le feu de la rampe, brûle du désir de vous
« voir de plus près. Il est, — Hélas ! Qui ne le serait ?
« éperdument amoureux de vous ; aussi a-t-il conçu l'idée

« folle de se présenter à votre hôtel, se disant envoyé
« par le bureau de placement. (*Elle rit aux éclats.*)
« L'écervelé mérite une bonne leçon, donnez-la lui, en
« le contraignant aux ouvrages les plus répugnants, puis
« jetez-le à la porte, avec tous les égards dus à sa sotte
« équipée. Je vous baise les mains.

« Marquis DE RIVEREY. »

(*Elle rit.*)

LOUISETTE

Si je lui parlais en faveur de Firmin ? Je crois que cette
lettre l'a mise de bonne humeur...

ROSA CARMEN

Comment me trouves-tu ce matin ?

LOUISETTE

Charmante : ne l'êtes-vous pas toujours? (*A part.*)
Le moment est favorable... je me risque. (*Haut.*) Permettez-moi de vous parler du pauvre Firmin.

ROSA CARMEN

Non... non. Laisse-moi avec ton Firmin... (*Elle lui
montre la porte.*)

LOUISETTE, sortant.

Je reviendrai à la charge...

SCÈNE TROISIÈME

ROSA CARMEN, seule.

Singulière idée qu'il a eue là, ce jeune homme ! Il
m'aime... et il croit tout naturel, dans le but de se faire

aimer, de s'introduire ici. (*Elle s'approche de la glace.*) Voyons ! allons réparer un peu le désordre de ma toilette pour recevoir... monsieur mon valet de chambre. Décidément, le neveu du marquis de Riverey est plus original que l'oncle ! Aucun de mes amoureux n'a encore poussé le dévouement jusqu'à se mettre en condition chez moi ; tous voulaient, au contraire, m'imposer leurs conditions... (*Elle va pour sortir. Entre Louisette.*)

SCÈNE QUATRIÈME

ROSA CARMEN, LOUISETTE.

LOUISETTE, entrant.

Madame, un grand garçon désire vous parler de la part du bureau de placement...

ROSA CARMEN, à part.

Lui, Gaston, le neveu du marquis ! (*Haut.*) Fais entrer tout de suite.

LOUISETTE

Où, madame ?

ROSA CARMEN

Mais ici, dans ce salon...

LOUISETTE

Dans ce salon ?... (*Elle ne bouge pas.*)

ROSA CARMEN

Es-tu sourde ?... Ne fais pas attendre.

LOUISETTE

Dieu merci non ! je ne suis pas sourde, mais pour la première fois, vous n'aurez pas fait attendre vos domestiques, car vous dites toujours qu'ils sont créés et mis au monde pour ça !

ROSA CARMEN, à Louisette.

Fais-le entrer... je reviens. (*Elle sort.*)

SCÈNE CINQUIÈME

LOUISETTE, FRANÇOIS.

LOUISETTE

Entrez, monsieur, entrez... (*François entre en tenue de domestique de bonne maison, avec un paquet sous le bras. Il regarde de tous les côtés et salue profondément.*) Si vous venez pour remplacer Firmin... vous aurez fort à faire ! il était si bon... si aimable... si doux... si complaisant... si... si... la crème des valets de chambre, quoi !

FRANÇOIS, haut.

Je ne sais pas si je viens remplacer monsieur Firmin, mais je me présente comme valet de chambre. (*A part.*) Très gentille, la petite bonne. (*Haut.*) Oh ! Oh ! quel désordre ! on voit bien qu'on est chez une artiste. (*Il regarde partout. Allant au canapé.*) C'est la bibliothèque, ça ! et des assiettes sur le piano... des verres, des bouteilles sur la cheminée... (*A Louisette.*) Dis-donc, petite (*Il se met à cheval sur une chaise.*)

LOUISETTE, l'interrompant.

Il me tutoie !... (*A François.*) Hé, dites-donc, monsieur, pas tant de familiarités ! Si Firmin était là...

FRANÇOIS, feignant de ne pas avoir entendu.

Qui fait le ménage ici ?

LOUISETTE, avec fierté.

Moi... monsieur !

FRANÇOIS

Ah ! c'est vous !... Après tout, vous n'avez peut-être pas eu le temps aujourd'hui ?

LOUISETTE, à part.

De quoi se mêle-t-il ? (*Haut.*) Dame, midi sonne seulement...

FRANÇOIS

Réparation... Réparation... J'oubliais... les artistes se couchent si tard... (*A part.*) quand elles se couchent. (*Il quitte sa chaise.*)

LOUISETTE

Un conseil à vous donner... ne prenez pas cet air moqueur avec madame, elle est susceptible, et...

FRANÇOIS, la saluant.

Soyez sans crainte, belle enfant... on sait se tenir... vous allez en juger... On vient... Madame, sans doute ..

LOUISETTE

Certainement !

SCÈNE SIXIÈME

LES MÊMES, plus ROSA CARMEN, entrant.

FRANÇOIS, saluant.

J'ai l'honneur de présenter mes très humbles respects à madame, et la prie de bien vouloir prendre connaissance de ce billet. (*Il dépose un papier sur la table.*)

ROSA CARMEN, prenant la lettre et examinant François.

Vous venez du bureau de placement... bien sûr ?

FRANÇOIS, saluant.

Si madame veut bien.

ROSA CARMEN

Votre nom ?

FRANÇOIS

François Canivet d'Aurillac... (Cantal), à votre service. (*Il salue, et lui donne un portefeuille.*)

ROSA CARMEN, à part.

Pas mal... son début, pas mal... il s'est composé un nom, un visage, un maintien, il parle un langage tout à fait en rapport avec l'emploi. Le nom est d'un ridicule absolument de circonstance. Mais il ne peut, sous cet accoutrement, parvenir à dissimuler son origine, sa distinction ; il conserve, malgré lui, ce je ne sais quoi... ce cachet indélébile que donne la naissance. Front altier, œil intelligent et vif, extrémités fines et aristocratiques. Voilà bien le vrai gentilhomme , le gentilhomme de race, le gentilhomme dont la généalogie se perd dans la nuit des temps ! (*Bas à Louisette :*) Que dis-tu de lui ?

LOUISETTE

Du Canivet?

ROSA CARMEN

Oui ! La perle annoncée ! (*Elle l'examine.*)

LOUISETTE, dédaigneusement.

Ça, une perle ?... ma foi, puisque la perle sort de l'huître !...

FRANÇOIS, continuant à inspecter ; il porte tour à tour ses regards sur Louisette et sur Carmen ; à part.

Elle vous a un air très bien, ma nouvelle patronne ; le placeur ne m'avait pas trompé...

ROSA CARMEN, à part.

(*Examinant les papiers.*) Un passeport! au nom de François Canivet. (*Elle rit.*) Où diable a-t-il pu se le procurer ?

FRANÇOIS, à part.

Je vois ce que c'est : pas beaucoup à faire... si ce n'est du côté de la petite femme de chambre... (*Il se tourne du côté de Louisette.*)

ROSA CARMEN, à part.

Un livret!... Celui de son domestique, sans doute.

FRANÇOIS

(*Il se tourne vers Rosa.*) Oh! mais comme madame

me regarde !... J'en vaux un autre. Tiens! la situation ne me déplairait pas... Attendons, attendons !

ROSA CARMEN, s'adressant à François.

François, les renseignements du placeur sur votre compte sont satisfaisants. Je vous prends à l'essai.

FRANÇOIS, saluant.

Oh! madame...

ROSA CARMEN

Un essai loyal s'entend... Louisette vous mettra au courant.

LOUISETTE, à part.

Plus souvent ! (*Haut.*) Certainement, madame...

FRANÇOIS

Si les renseignements ne suffisaient pas à madame, je pourrais... (*Il tire de sa poche un portefeuille.*)

ROSA CARMEN, l'arrêtant du geste.

Inutile .. au surplus, je suis fixée sur la valeur des certificats. (*A part.*) Il n'a rien oublié. (*A Louisette :*) Indique à François en quoi consisteront ses attributions, sois complaisante envers lui : tu peux toutefois ne pas l'être autant que tu l'étais avec son prédécesseur.

LOUISETTE

Madame! je suis une honnête fille et c'est pour le bon motif que Firmin me faisait la cour.

FRANÇOIS, à part.

Très gentille, la petite... Oh! mais! très gentille. (*Il lui lance des œillades.*)

LOUISETTE, à part.

Voyez l'intrus ! Il veut remplacer Firmin... Qu'il se tienne bien, ou sinon...

ROSA CARMEN, riant.

Monsieur... François, il me passe par l'esprit une idée, une fantaisie, un caprice. Je veux assister à votre installation. Commencez votre ouvrage, ici... devant moi... (*Louisette lui jette les ustensiles de ménage.*)

FRANÇOIS, ôtant son paletot sans hésitation.

A la bonne heure ! Madame pourra juger du moins, par elle-même, de mon savoir-faire. (*Mettant un tablier. A Louisette.*) Il était temps qu'un homme vînt mettre un peu d'ordre ici... des toiles d'araignée partout.

LOUISETTE

Où donc ?

FRANÇOIS

D'abord là... au-dessus de la glace. (*Il les lui montre avec la tête de loup.*) Tenez ! tenez ! (*Il secoue la tête de loup et fait mine d'écraser une araignée.*) Êtes-vous convaincue maintenant ?

ROSA CARMEN, à part, en riant.

Très fort ! Monsieur le vicomte, vous vous en acquittez, ma foi, fort bien. Parole d'honneur, on jurerait que vous n'avez pas fait autre chose de votre vie. (*Appelant.*) Louisette !

LOUISETTE

Madame !

ROSA CARMEN

Je déjeunerai sur cette table... (*Elle indique le gué-*
ridon.) Tu mettras deux couverts...

LOUISETTE

Deux couverts?... Madame attend quelqu'un?

ROSA CARMEN

Pas de réflexions, quand je commande !

LOUISETTE

Bien, madame... on y va... on y va !...

FRANÇOIS, s'élançant vers la cuisine.

On y va !

ROSA CARMEN

Où allez-vous, François?

FRANÇOIS

Je vais prêter la main à Louisette.

ROSA CARMEN

Non, pas vous aujourd'hui. (*A part.*) Quel sang-froid !
quelle présence d'esprit ! (*Haut.*) J'ai l'habitude de trai-
ter mes domestiques, le jour de leur entrée dans ma
maison.

LOUISETTE, à part.

Peut-on mentir de la sorte !

FRANÇOIS, s'inclinant.

Que de bontés !

ROSA CARMEN

J'entends, en procédant ainsi, leur prouver que bien qu'ils deviennent mes serviteurs, je n'oublie pas qu'ils sont avant tout des hommes, et je mets en pratique la fameuse devise : fraternité... égalité...

FRANÇOIS, l'interrompant.

Sauf le respect dû à madame, la devise est incomplète... et... liberté.

ROSA CARMEN

Liberté... une fois par semaine le lundi... encore quand je ne reçois pas.

FRANÇOIS

On se le tiendra pour dit !

LOUISETTE, à part.

J'enrage... elle rit avec cet escrogriffe et elle traitait Firmin comme un chien !

ROSA CARMEN

Eh bien, Louisette, que faites-vous ?

LOUISETTE

Vous voyez, je dresse le couvert.

FRANÇOIS, à part, voyant Louisette sortir.

Il faut que je l'aide, cette petite ! (*Louisette revient chargée de vaisselle. François s'élance à sa rencontre et lui prend des mains quelques assiettes, en lui lançant des œillades, auxquelles Louisette répond par des regards furieux.*)

14

LOUISETTE

Puisque madame trouve que je n'ai pas assez d'ouvrage, laissez !... ne touchez à rien !...

FRANÇOIS

Du tout, ceci me regarde ! Je tiens à ce que madame voie que je ne suis pas embarrassé pour dresser une table. On a l'amour-propre de son métier ! (*Il met le couvert, essuie les assiettes, et en laisse tomber une.*)

LOUISETTE, à part.

Hypocrite !...

ROSA CARMEN, à part, souriante.

Vous êtes bien étonnant, monsieur le vicomte. Si votre oncle vous voyait !...

FRANÇOIS, remet rapidement son vêtement et ses gants, puis, grave, la serviette sous le bras.

Madame est servie !

ROSA CARMEN

Déjà !

FRANÇOIS, s'inclinant.

Madame me flatte.

ROSA CARMEN

Ici les domestiques ne parlent pas à la troisième personne... Demandez plutôt à Louisette. En voilà une qui ne pèche pas par excès de politesse !

LOUISETTE, à part.

Faudrait-il pas se mettre à ses genoux !

FRANÇOIS, dignement.

Je sais ce que je dois à mes maîtres... Dès mon jeune âge, mes ancêtres, les Canivet...

ROSA CARMEN, riant.

Les Canivet!

FRANÇOIS

M'ont inculqué les bons... les vrais principes...

LOUISETTE

Ah!

FRANÇOIS

Je ne saurais... Madame n'exigera pas que je lui manque de respect au point de...

ROSA CARMEN, à part.

Superbe, il est superbe ! (*Haut.*) François, je l'exige. (*Elle se met à table.*) Asseyez-vous là, en face de moi. Dois-je toujours vous rappeler que vous êtes mon invité ?...

FRANÇOIS, hébété et restant debout.

Jamais... je n'oserai.

ROSA CARMEN, à part.

Il craint de se trahir ! (*Haut et sévèrement.*) De la déso-béissance? c'est bien tôt... je veux qu'on m'obéisse sur l'heure, sans commenter mes ordres. (*Se radoucissant.*) Allons, prenez place ! (*Elle lui indique une chaise.*)

FRANÇOIS, hésitant encore, à part.

Elle m'a pris à l'essai... c'est une épreuve. (*Il s'assied.*)

ROSA CARMEN

Mon idée de déjeuner en tête-à-tête avec vous semble vous surprendre. Elle n'a rien d'extraordinaire. Je vous en ai expliqué le motif tout à l'heure, et puis, je n'aime pas manger seule; certaines gens prétendent que l'appétit vient en mangeant, moi je soutiens qu'il m'arrive en voyant manger les autres. (*A François.*) Vous devez jouir d'un excellent appétit?

FRANÇOIS, à part.

L'épreuve commence!... Je mange comme un ogre, mais ne l'effrayons pas! On m'a déjà renvoyé de plusieurs maisons, parce que j'avais un trop bon coup de fourchette. (*Haut à Carmen:*) Madame ne me croira peut-être pas... Je mange à peine...

ROSA CARMEN, à part.

Il mange à peine! nature délicate. Le grand seigneur se révèle! (*Haut.*) Ce n'est pas comme ce drôle de Firmin : il mangeait comme quatre et buvait comme douze.

LOUISETTE

Il travaillait en conséquence. (*Elle sort pour chercher un poulet.*)

FRANÇOIS

Moi! madame, je suis d'une sobriété qui n'a d'égale que celle du chameau ! sauf votre respect! (*Louisette rapporte le poulet et le pose sur la table.*)

ROSA CARMEN

Voyons, un peu de cette volaille! Que préférez-vous, une cuisse ? une aile? un peu de blanc ?...

FRANÇOIS

Puisque madame le permet... le croupion me suffira.
(*Il le coupe et le met sur son assiette.*)

LOUISETTE, à part.

On raconterait ces choses-là... personne n'y voudrait
croire.

ROSA CARMEN, à part.

De mieux en mieux!... (*A Louisette.*) Il manque un
verre... Donne-moi un de ceux qui se trouvent sur la
cheminée.

FRANÇOIS se lève, et rapporte le verre en l'essuyant.

Voilà, madame !

ROSA CARMEN, à part.

Il jouera son personnage jusqu'au bout ! (*Haut.*)
C'était à Louisette que je m'étais adressée. Pour la qua-
trième fois, vous oubliez que vous êtes mon hôte. (*Elle
lui verse à boire.*)

FRANÇOIS, l'arrêtant.

Assez, Madame... assez, je ne bois que de l'eau rougie.
(*Louisette lui verse de l'eau.*) Assez! assez! assez!

LOUISETTE, bas.

Tartufe! il n'y a pas de danger qu'on m'offrirait à
boire à moi! Aussi, je me passe de la permission. (*Elle
vide un verre.*)

ROSA CARMEN, se levant.

Louisette... Desservez, puisque monsieur François ne
mange ni ne boit.

LOUISETTE, à François.

Enlevez la table, vous... (*Elle la lui indique ; François prend la table et fait un pas.*)

ROSA CARMEN, l'arrêtant du geste.

Encore !... C'est de la rébellion ! (*François dépose la table.*)

FRANÇOIS, à Louisette.

Allons, à vous !

LOUISETTE, essayant de prendre la table.

A moi ? elle est trop lourde !

FRANÇOIS

Elle ne peut rien faire, celle-là ! (*Il prend la table, et va la déposer au fond, à gauche.*)

ROSA CARMEN, à François.

Vous avez peut-être l'habitude de fumer, après vos repas ?... Ne vous gênez pas !... moi-même je fume la cigarette... Louisette va nous donner ce qu'il faut.

FRANÇOIS

Oh ! Madame... tous mes remerciements ! Que mademoiselle ne se dérange pas !... Je suis muni des objets indispensables au fumeur. (*Il tire de sa poche un porte-cigares aux initiales G. R. et garni de cigares. Louisette lui présente une boîte.*)

FRANÇOIS, ayant regardé dans la boîte.

(*A Louisette.*) Peuh ! des londrès ?... remporte !... Je ne fume que ce genre de cigares. (*Il lui désigne les siens.*)

LOUISETTE

Oui, des soutados...

FRANÇOIS, avec emphase.

De purs Havane !

LOUISETTE, à François.

Tiens ! vous avez un porte-cigares à initiales : G. R. !

ROSA CARMEN

G. R. ?

LOUISETTE

Regardez donc, madame !

ROSA CARMEN, à François.

Vous permettez, monsieur François, que je l'examine ?

FRANÇOIS, allumant un cigare.

Certainement, madame, certainement.

ROSA CARMEN, à part.

G. R...! une couronne ! Ah ! monsieur le vicomte, voilà un oubli grave et compromettant ! (*Haut.*) Oh ! le délicieux porte-cigares ! qu'il est joli !

FRANÇOIS, à part.

Un peu qu'il est joli ! Il a coûté deux louis à celui qui l'a acheté. Moi je l'ai payé moins cher. (*Il fait avec la main un geste qui signifie qu'il l'a dérobé.*)

LOUISETTE, lui rendant le porte-cigares.

(*A François :*) G. R. ! Dites donc, vous, vous vous appe ez François Canivet, et votre porte-cigares est aux ini tiales G. R. ! Et les principes des Canivet, qu'en faisons-nous?

FRANÇOIS, à part.

Très intelligente la petite! on pourra s'entendre! (*Haut, à Rosa :*) Un cadeau de monsieur Georges de Rieux, un de mes anciens maîtres.

LOUISETTE, riant.

Un cadeau !

FRANÇOIS, fumant avec délices.

Oui, un cadeau. (*A part.*) Je ne me suis pas trop mal tiré de l'épreuve de la table tout à l'heure... Qu'attend-elle de moi?

ROSA CARMEN, jouant au piano.

Aimez-vous la musique ?

FRANÇOIS, à part.

Ça continue... (*Haut.*) La musique, madame... Je l'adore. (*A part.*) Si cette vie pouvait durer, ça m'irait assez.

ROSA CARMEN

Je vais vous jouer un morceau de votre choix. Du Mozart, du Beethowen, de l'Auber, du Wagner? (*Elle joue quelques mesures.*)

FRANÇOIS

Wagner? Wagner? J'ai un camarade de ce nom-là, maître d'hotel dans le faubourg Saint-Germain, très fort sur le cor de chasse... ça doit être lui.

ROSA CARMEN, à part.

Il persiste... je trouverai bien le moyen de le forcer à se démasquer. (*Haut, ironiquement.*) Votre opinion, monsieur François, sur le talent de votre ami Wagner ? (*Elle joue.*)

FRANÇOIS, essuyant le piano.

A parler franchement, je le trouve un peu triste, un peu monotone, un peu fadasse... Madame, je vous en prie, soyez donc assez aimable pour me jouer quelque chose de gai, d'entraînant... dans le genre de : ah ! ah ! ah ! (*Rosa Carmen joue le morceau : Tout à la joie.*) A la bonne heure ! voilà de la musique ! (*Emporté par la musique, il danse. S'arrêtant.*) Ou bien alors, une valse... une bourrée...

ROSA CARMEN, quittant le piano, à part.

De mieux en mieux ! (*Haut.*) Vous valsez ?

FRANÇOIS, accent auvergnat.

Chi je valche ? Dan Jaurillac il n'y avait pas un dancheur capable de rivaliger avecque moi pour la valche et la bourrée, bougrrri ! ! J'étais la coqueluche de toutes les femmes, de toutes les filles... Oh ! la valche ! (*En français.*) Je vous demande pardon, madame, si je m'exprime en auvergnat, mais quand il est question de valse, de danse, (*accent auvergnat.*) cha me rappelle mon pays l'Ouvergne ! !

ROSA CARMEN

La valse est aussi ce que j'aime. (*Elle le regarde.*) Valsons !

FRANÇOIS, après un moment d'hésitation.

Tant pis! je me laisse enlever. (*Il ôte son tablier.*)

ROSA CARMEN, à Louisette.

Joue-moi ma valse favorite. (*Louisette se met au piano.*)

FRANÇOIS, à part.

Peste ! ! ! une femme de chambre qui joue du piano ! (*Ils valsent.*)

FRANÇOIS

(1er *tour.*) Une plume !

ROSA CARMEN

(2e *tour.*) Un sylphe ! (*3e tour.*) Bravo, monsieur François !

FRANÇOIS

(4e *tour.*) C'est réciproque ! (*5e tour.*) On n'a pas idée de ça à Aurillac.

ROSA CARMEN

Assez, vous êtes infatigable, monsieur Gast... monsieur François, veux-je dire... Vous valsez dans la perfection ! (*Elle s'éponge la figure avec son mouchoir.*) Vous y avez mis tant de vigueur, que moi, une danseuse de profession, je suis hors d'haleine.

FRANÇOIS

On fait ce qu'on peut !

ROSA CARMEN, soupirant.

Reposons-nous, mon ami, par un peu de lecture. Précisément, là, sur ce canapé, sont quelques-uns de mes auteurs, de mes poètes favoris... Soyez assez aimable pour me donner le Musset !

FRANÇOIS, cherchant.

Musset ! Musset ! connais pas... Je connais Paul de Kock... J'ai lu plus de dix fois son...

LOUISETTE

Oh ! madame, votre Musset, je l'ai prêté ce matin à la concierge.

ROSA CARMEN

Comment ! tu as prêté mon Musset à la concierge ?... Je te reconnais bien là. (*A part, regardant François.*) Quel sang-froid imperturbable !... Me voilà contrainte à provoquer ses aveux...

FRANÇOIS, cherchant toujours.

Musset... Musset... Paul de Kock.

LOUISETTE, à Carmen.

Si vous lisiez ces vers, qu'un de vos amis vous a dédiés ? C'est intitulé : *Sous un petit toit.*

ROSA CARMEN, à Louisette.

Oui, lis-nous ça, Louisette ! (*François s'assied sur le canapé.*)

LOUISETTE

« Sous un petit toit ».

FRANÇOIS, à part.

Elle va lire des vers ! ! ! Décidément, c'est une femme de chambre pour tout faire !

LOUISETTE

Quand je t'ai quitté, petit toit qui fumes
    Là-bas, dans les brumes,..
Sous un édredon de neige enfoui,
On était en mai, tout me semblait sombre...
On est en hiver, je te vois dans l'ombre,
    Je suis ébloui.

(François bâille.)

Sous ce petit toit, accroupi dans l'âtre,
    Railleur et folâtre,
J'écoutais l'aïeul dire ses exploits
Que savaient par cœur mon père et ma mère,
Et qu'il m'a contés, sans que j'exagère,
    Un millier de fois.

(François s'endort.)

Sous ce petit toit, je devins un homme.
    C'est ainsi qu'on nomme
L'éternel enfant, quand il a grandi.
Alors, inquiet, pris de folles craintes,
J'ai senti des feux, et, sous leurs étreintes,
    Mon cœur a bondi !

(François s'est endormi aux deux derniers vers.)

LOUISETTE, bas.

Voyez donc, madame !

ROSA CARMEN

Évanoui!... il est évanoui! L'effort qu'il aura tenté
pour soutenir son rôle l'aura brisé... Nature essen-
tiellement poétique !...

LOUISETTE, à part.

Je vais t'en donner de la poésie ! *(Elle lui frappe
dans la main et sort.)*

SCÈNE SEPTIÈME

LES MÊMES, moins LOUISETTE.

ROSA CARMEN, appelant.

Monsieur le vicomte !... monsieur le vicomte !... Gaston !... Gaston !...

FRANÇOIS, s'éveillant en sursaut.

Garçon ? On appelle le garçon ?

ROSA CARMEN

Vous souffrez ? (*Elle lui apporte un verre d'eau sucrée.*) Où ?

FRANÇOIS

Là ! (*Il met la main sur son estomac.*) (*A part.*) Je crève de faim.

ROSA CARMEN

Le cœur... le cœur !... Je connais à présent ces souffrances-là. (*A François.*) Vous étiez évanoui ?

FRANÇOIS, étonné.

Évanoui, moi ? Non, madame, je dormais : même que je rêvais de mon pays, du Cantal, d'Aurillac : les poules, les canards. Coin... coin... coin...

ROSA CARMEN

Assez !... Gaston, ouvrez-moi votre cœur !... Cessons cette comédie, vous vous êtes trahi, et je suis prête à entendre vos confidences... Parlez, Gaston, mais parlez

15

vite... je vous écoute ! (*Elle va s'assurer que personne ne peut être témoin des confidences.*)

FRANÇOIS, à part.

Elle m'appelle Gaston, vicomte, elle me supplie... Ah ! j'y suis, elle est folle ! (*Il se sauve derrière le canapé.*) On prévient les gens quand on les envoie dans une maison de fous... Si le placeur m'avait averti, j'aurais réfléchi.

ROSA CARMEN, à part.

L'émotion lui coupe la parole. (*Haut.*) Par pitié...

FRANÇOIS, à part.

Heureusement, sa folie n'est pas furieuse !

ROSA CARMEN, suppliante.

Gaston !...

FRANÇOIS, à part.

Comment n'y ai-je pas songé plus tôt ?... C'est de la folie amoureuse ! Flattons sa manie ! (*Il se jette à ses pieds.*)

ROSA CARMEN

Ah ! Gaston !

FRANÇOIS, avec force.

Puisqu'il faut l'avouer... Je vous aime... Je...

ROSA CARMEN

Enfin !...

SCÈNE HUITIÈME

LES MÊMES, LOUISETTE.

LOUISETTE

(*Dans la coulisse.*) Madame ! (*François se relève.*) (*Louisette entrant.*) Madame! une lettre!... et un bouquet!... (*Rosa Carmen regarde François avec amour. Celui-ci se remet rapidement, s'empare d'un plateau, prend la lettre et la présente à Rosa Carmen, en s'inclinant.*)

FRANÇOIS, à Louisette.

Il sera indispensable que je vous donne des leçons, mademoiselle!

LOUISETTE

Il me porte sur les nerfs, cet oiseau-là !... (*François va s'étendre sur le canapé.*)

ROSA CARMEN, reconnaissant l'écriture.

(*Bas.*) Du vieux marquis !... Que peut-il me vouloir encore? Et c'est le neveu qui me remet le poulet de l'oncle ! (*Elle lit.*) « Chère belle, considérez ma lettre de « ce matin comme non avenue. Gaston a dû rejoindre « son poste, désespéré de n'avoir pu mettre son projet « à exécution. » (*Elle déchire la lettre et la jette.*)

LOUISETTE

Le temps est à l'orage... je m'éclipse!

SCÈNE NEUVIÈME

LES MÊMES, moins LOUISETTE.

ROSA CARMEN, à part.

Comment! Mais alors celui-ci?(*Devinant.*) Celui-ci est un vrai domestique, un laquais! et depuis une heure, je suis en tête-à-tête avec lui. Comme on rirait, à l'Opéra, si on le savait!... Oh! quelle honte!... quelle honte! (*Fortement.*) Monsieur François! (*Plus fort.*) Monsieur... François!... (*François, quittant le canapé en sursaut, vient saluer Rosa.*) l'essai est terminé.

FRANÇOIS, avec joie.

Ah! enfin...

ROSA CARMEN

Il ne vous a pas réussi.

FRANÇOIS, décontenancé.

Hein?...

ROSA CARMEN, appelant.

Louisette!...

SCÈNE DIXIÈME

LES MÊMES, plus LOUISETTE.

LOUISETTE, entrant.

Madame?...

ROSA CARMEN

Va dire à Firmin que je lui pardonne : il reprendra son service dès ce soir.

LOUISETTE

Oh bonheur ! j'y cours ! Il ne m'allait pas du tout, cet ostrogoth-là ! (*Elle sort.*)

SCÈNE ONZIÈME

LES MÊMES, moins LOUISETTE.

FRANÇOIS

L'essai ne m'a pas réussi, madame ?... En quoi ?

ROSA CARMEN

En quoi ? Vous n'avez pas compris les épreuves auxquelles je vous ai soumis ; vous vous êtes assis sans vergogne à ma table, vous avez ri, mangé, bu, chanté, fumé, dansé, dormi... vous avez manqué absolument de tact, monsieur François !... Allez ! retournez chez votre placeur !... (*Rosa se remet au piano et joue.*)

FRANÇOIS, à part.

Chassé !... J'ai eu tort de lui parler de mes conquêtes d'Aurillac... Bast ! je me suis bien amusé.

SCÈNE DOUZIÈME

LES MÊMES, plus LOUISETTE.

LOUISETTE, revenant joyeuse, haut.

Firmin est là ! (*A François.*) Tenez, voilà votre paquet ! (*Elle lui tend son paquet.*)

FRANÇOIS, prenant le paquet et saluant profondément.

Madame me regrettera. (*Bas et se tournant vers Louisette.*) Je regrette la petite bonne. (*Il sort.*)

SCÈNE TREIZIÈME

LES MÊMES, moins FRANÇOIS.

ROSA CARMEN, à part.

Il faut absolument que cette fille (*Elle désigne Louisette.*) ignore le ridicule auquel je viens de m'exposer... Un petit mensonge est nécessaire... (*Haut.*) Louisette, qui crois-tu que soit l'individu qui sort d'ici ?

LOUISETTE

Mais François !... madame... un domestique.

ROSA CARMEN

Erreur !... C'est un sous-préfet.

LOUISETTE

Je me disais aussi : cet homme-là n'a rien de ce qu'i faut pour l'emploi de valet de chambre.

ROSA CARMEN

Que lui manque-t-il donc, Louisette ?

LOUISETTE, se rengorgeant.

La distinction... madame !

Rideau.

LE FEU FOLLET

Monologue

Par M. le Comte W. SOLLOHUB.

LE FEU FOLLET

*Le décor représente une chambre d'enfant. — Au fond,
porte donnant sur une terrasse. — Fauteuil avec une
grande poupée assise. — Grand portrait représentant
une femme septuagénaire. -- Joujoux, bibelots de
petite fille, etc,... etc...*

La seconde fois... oui... oui... c'est pour la seconde
fois... Le voilà bien... derrière le moulin, au-dessus du
ruisseau... Il brille, il voltige... il hésite comme s'il cher-
chait quelque chose... Ah ! Il a disparu... Non, le voilà
encore !... J'ai peur !... Qu'est-ce que cela signifie ?...
Une flamme sans brasier, une lueur sans motif, une
petite étincelle qu'une étoile a fait tomber et qui vaga-
bonde au-dessus des champs. Cela se nomme un feu
follet. Le docteur m'a expliqué le phénomène au point
de vue de la physique, si longuement et si bien, que je
n'y ai rien compris... Je crains de me retourner... Il doit
être encore là... (*Elle se retourne craintivement.*) Non...
grâce au ciel !... Il a disparu... Enfin ! (*Elle descend la
scène.*)

Pourtant, c'est très joli, très gracieux... un feu follet...
c'est fantastique ! c'est insaisissable, c'est brillant... Ce

15.

n'est pas un corps; c'est peut-être une âme... Mais d'où?
Pourquoi?... Quelle vilaine chose que la crainte! quelle
chose humiliante! Mais comment ne pas craindre, quand
il s'agit de ceux qu'on aime?... Je suis furieuse contre
grand'maman!... Qu'avait-elle besoin de raconter cette
vilaine légende!... et pourquoi Oscar lui fait-il des questions absurdes?... Dernièrement nous étions sur la terrasse... La nuit était tiède, étoilée, solennelle... Nous
étions silencieux, heureux de respirer, grand'maman, le
docteur, Oscar et moi... C'est si beau, une belle nuit
d'été!... Voilà que tout à coup nous voyons une petite
lumière courir toute seule comme une folle au-dessus
des gerbes de la moisson... Grand'maman, dans son fauteuil, regardait avec ses yeux bleus, si tristes et si doux...
— « Tiens, dit-elle, voilà un feu follet! » Le docteur commence là-dessus une dissertation... et cet insupportable
Oscar qui dit : « Madame, est-il vrai qu'il y a une lé-
« gende dans le pays sur ces petits feux-là? » — « Oui,
« mon enfant, répond grand'mère, une légende à la-
« quelle croient tous les cœurs simples, à laquelle j'ai
« la faiblesse de croire moi-même, car je suis supersti-
« tieuse, mes enfants, comme tous ceux qui vivent tou-
« jours à la campagne... Cette légende dit que, si l'on
« voit trois fois de suite un feu follet, on doit mourir
« incessamment soi-même, ou perdre un être cher...
« Ceci est un avertissement pour moi. Mais je ne
« peux pas aller encore me reposer définitivement...
« Il me reste quelque chose à faire dans la vie,
« a-t-elle ajouté... Rentrons, mon enfant, rentrons!... »
Puis elle nous a regardés tous les deux, Oscar et
moi, et nous sommes rentrés... J'ai couru dans ma
chambre et j'ai pleuré deux heures avant de m'en-

dormir... Mon Dieu! Pourquoi faut-il que tout passe, que tout finisse?... Grand'maman s'en ira d'abord, puis le docteur... Oscar deviendra vieux; je deviendrai vieille, laide, ridée, bossue, affreuse... c'est abominable!

... Pourquoi ne pourrions-nous pas toujours rester comme nous sommes? Grand'maman toujours dans son fauteuil, moi toujours à travers champs... Oui! mais cela ennuierait grand'maman... Elle aussi voudrait être jeune... Qui sait?... Mais alors, pourquoi vivre, s'il faut passer devant tout, et ne s'arrêter devant rien?

Bon! Voilà que je divague maintenant... Si les jeunes filles organisaient l'Univers, ce serait joli!... J'ai bien besoin de me tourmenter de choses que personne ne comprend... C'est bête d'être poltronne!... D'ailleurs, Oscar n'est pas superstitieux... Il est de son siècle... Je veux être une femme forte, et pour commencer, je vais vaquer à mes occupations habituelles. (*Elle s'adresse à la poupée.*)

Bonjour, mademoiselle Mimi... Je vous demande pardon de ne vous avoir pas encore présenté mes hommages... Avez-vous été bien gentille pendant mon absence? Avez-vous étudié votre leçon? Je suppose que vous n'avez pas oublié que le professeur d'histoire doit venir demain de la ville et que nous aurons un examen général? Je suis sûre que vous avez peur... Fi! mademoiselle, c'est un vilain sentiment. Nous allons, s'il vous plaît, répéter un peu votre leçon, et, si je suis contente de vous, je vous emmènerai demain à la promenade. D'abord, je vous prie de vous asseoir convenablement. Vous avez dans votre maintien une raideur qui commence à me déplaire, je vous en avertis. Je vous prie de vous placer devant moi avec le respect que comporte la gravité de la circonstance... (*Elle arrange la poupée.*) Là! Comme cela... C'est mieux maintenant... Veuillez me répondre... Voyons!... Qui a fondé la monarchie française ?—Pharamond. — Bien!... En quelle année? — En quatre cent vingt. — Bien!... Combien comptons-nous en France de races de rois? — Trois races : les Mérovingiens, les Carlovingiens et les Capétiens. — C'est cela... D'où vient le nom des Mérovingiens? — De Mérovée, qui fut le troisième roi. — Pourquoi la dynastie a-t-elle été nommée du nom du troisième roi, et pas du premier?... Vous ne le savez pas?... Non! Non!... Je vous pardonne, parce que je ne le sais pas non plus... Nommez-moi les premiers Mérovingiens! — Pharamond, Clodion, Mérovée... (*Hésitant.*) Mérovée, Mérovée... Eh bien?... Mérovée, Clodion, Pharamond... Pharamond, Clodion... Mérovée. — Qu'est-ce que cela signifie? Vous le saviez ce matin. — Clodion, Clodion. — Prenez garde! Je vais vous mettre en pénitence. — Mérovée, Mérovée... Ah! J'y suis. — Comment n'avez-vous pas honte, mademoiselle? vous avez oublié Chilpéric !... Je vous demande un peu si on oublie Chilpéric!... Voyons, ne pleurez pas... Je vois ce que c'est... Vous êtes fatiguée, Mimi... vous avez beaucoup couru aujourd'hui ; vous avez eu des émotions ; vous avez vu des météores... Et puis, il se fait tard... Demain nous nous lèverons de grand matin, et avant que le maître n'arrive, nous relirons nos cahiers.

Maintenant, vous allez m'aider à serrer nos petits effets. — Grand'maman me répète toujours que je dois être soigneuse. — Tu sais ce que j'ai découvert, Mimi? Grand'maman a un défaut, un grand défaut... Elle est avare!... Que veux-tu? Depuis douze ans que ma pauvre mère est morte, et que nous vivons ici comme des loups, grand'maman n'a pas d'autre plaisir que de causer avec ses hommes d'affaires... As-tu remarqué comme ils sont toujours laids, les hommes d'affaires?...

Comment! Déjà dix heures! Et moi qui dois être debout avant le jour, pour cette malheureuse leçon!... Mademoiselle, nous allons nous retirer dans nos petits appartements, et je vous engage à ne pas vous permettre la moindre réflexion... Nous allons dormir, mais avant de nous coucher, nous ferons notre petit examen de conscience de la journée; grand'maman l'exige absolument... Je vais me confesser tout haut, Mimi, comme toujours, pour ne rien oublier... Maintenant, c'est moi qui aurai besoin de ton indulgence... (*Elle s'assied sur un tabouret au pied du fauteuil sur lequel se trouve la poupée.*) Je n'ai pas été sage aujourd'hui, Mimi... je n'ai pas été contente de moi... Le curé est venu ce matin avec sa vieille tête chauve et son nez barbouillé de tabac. J'étais sur le perron avec mon cerceau. Il m'a dit : (*Le contrefaisant.*) « Mademoiselle, « pourrais-je avoir l'honneur de présenter mes respects « à Madame la marquise? »... Sais-tu ce que j'ai fait? Je n'ai rien répondu du tout, mais j'ai commencé à remuer les lèvres, comme si je disais quelque chose... comme cela... Le curé, tu sais, est sourd comme un pot... Il m'a regardé tristement : (*Elle le contrefait.*) « Mademoiselle, ma surdité devient bien fâcheuse, bien « fâcheuse! »... Et moi, je suis allée courir avec mon cerceau comme une sans-cœur... Ensuite, j'ai volé la tabatière du docteur et j'y ai mis un hanneton... Il a dit seulement : « Ça, c'est un coléoptère de la famille des... » Enfin, grand'maman m'a ordonné de mettre mes gros souliers à cause de la rosée, et moi j'ai désobéi; j'ai couru avec mes petits souliers bruns, et j'ai été punie, car j'ai vu... j'ai vu... ce que tu sais... Mais tout cela n'est encore rien, Mimi, tout cela n'est encore absolument rien!... Ne me regarde pas maintenant... je ne veux pas que tu me regardes!... Il se passe en moi quelque chose d'étrange, d'indéfinissable... Je ne sais pas comment te l'avouer... Voilà deux mois que nous avons au château un étranger, un jeune homme... Nous qui étions toujours seuls! Y comprends-tu quelque chose, Mimi?... Oscar est tombé chez nous, il y a deux mois, comme une bombe... et grand'maman, qui n'aime pas les jeunes gens, l'a très bien reçu... Il est charmant, Oscar! Il court mieux que moi; mais je joue au volant mieux que lui... Il est si franc, si gai; il a une si excellente figure! Je ne suis pas embarrassée, quand je le vois, mais pas du tout! Je me suis tellement habituée à lui, que quand il n'est pas avec moi, il me manque quelque chose... je m'ennuie!... Aujourd'hui, Mimi, sais-tu ce qu'il a fait? Il m'a serré la main, et puis il m'a regardée d'une manière tellement suppliante, que j'ai commencé par rougir... Et quand je rougis, la crainte qu'on ne s'en aperçoive fait que je rougis encore davantage. Je suis devenue comme un coquelicot... Alors je me suis enfuie pour ne plus le regarder de toute la soirée... J'ai couru sans savoir où et pourquoi... et en rentrant... j'ai vu le feu follet... Voilà ma confession... Ai-je oublié quelque chose?... Non, je ne crois pas... J'ai tout dit... oui, tout!... (*Elle se lève.*)

Maintenant, nous allons dormir... Au fait, non! j'ai une idée... Ce professeur de demain m'inquiète... Je vais prendre mon gros cahier dans mon secrétaire et étudier un peu au lit. On retient mieux comme cela, et puis, c'est excellent pour le sommeil... C'est ça !... (*Elle ouvre le secrétaire et s'arrête.*) Ah! mon Dieu! J'avais oublié... Pauvre grand'maman! Elle devient bien vieille... Il me semble que sa manie pour l'argent augmente tous les jours. Elle m'a donné cette liasse de papiers... Ce sont ses comptes-rendus, dit-elle, sur la gestion de ma fortune... Que veut-elle que j'en fasse?... Il paraît que j'ai une fortune. Grand'maman dit qu'elle n'en est que dépositaire comme tutrice... Elle veut que je prenne connaissance de mon avoir... avoir, verbe auxiliaire : J'ai, tu as, il a, nous avons!... Ah! mon extrait de baptême !... C'est vrai, pourtant... J'ai déjà dix-sept ans... Comme je suis vieille! Et je joue encore à la poupée !... Mais quand on est toujours seule à la campagne... ça n'est pas comme les demoiselles des capitales, qui sont désenchantées à douze ans... Ah! Un contrat de mariage... Celui de mes parents... C'est étrange !... Mon père était âgé de cinquante ans et ma mère n'en avait que vingt-trois... Je ne le savais pas... Bilan, Crédit-mobilier, fermages... Qu'est-ce que c'est que cette langue-là? Ah! Une lettre avec un cachet noir... Une lettre! Pour qui ?... « A ma fille quand elle aura dix-sept ans... » C'est de maman... Pour moi... J'ai le frisson... C'est ma mère qui me parle du fond de sa tombe. (*Elle se lève et se met à lire :*)

« Mon enfant chéri... Quand tu liras ces lignes, tu
« auras dix-sept ans. — Hélas! Je ne serai pas à tes
« côtés.— Tu seras riche, ta grand'mère me l'a promis...
« Tu pourras donc suivre la volonté de ton cœur.
« ... Quand tu auras dix-sept ans, tu penseras à te ma-
« rier, à t'établir... A cette heure suprème, je te dois un
« aveu qui pourra peut-être décider de ton sort... Quand

« j'avais ton âge, j'ai aimé éperdûment un homme bon
« et loyal... mais j'étais pauvre !... Des considérations
« de fortune le contraignirent à sauver par un riche
« mariage le crédit et l'honneur de sa maison... Nous
« nous séparâmes alors, et nous ne nous revîmes plus...
« Quelques années plus tard, un homme respectable eut
« pitié de ma mère et de moi... Il fut notre bienfaiteur...
« Il devint mon mari... C'était ton père... Je l'ai béni et
« respecté, et je vais le rejoindre... Mais pour toi, mon
« enfant, je rêve l'amour avec toutes ses joies, le bonheur
« avec tous ses enthousiasmes. — L'homme que j'avais
« choisi était l'idéal que rêve le cœur de la femme ..
« Lui aussi m'a précédée dans la tombe ; mais il laisse un
« orphelin qui lui ressemblera sans doute. — C'est le
« mari que je voudrais pour toi, sans toutefois te le
« prescrire... mais il me semble que si tu aimes Oscar... »
(*Parlé.*) Oscar ! Oscar ! Ah ! Je comprends tout maintenant ; et notre vie de recluses et la tristesse de ma pauvre
martyre de grand'mère, et cette étrange arrivée d'un
jeune homme dans notre couvent !... Oscar ! Oui, je
l'aimerai !... Oscar ! Oui ! Oui ! C'est cela... je l'aime !...
C'est si beau, ce que j'éprouve ! (*Elle lit.*)

« Je ne veux pas que tu te maries avant d'avoir dix-
« huit ans accomplis... Je te lègue ma part de bonheur...
« Aime de toute la force de ton âme ; il n'y a que cela
« de vrai dans la vie.. Si tu es heureuse dans ce
« monde, il me semble que je le saurai dans l'autre et
« que mon âme s'en réjouira... Adieu !... Je mets toute
« mon âme dans mon dernier baiser ! » (*Elle reste
pensive.*)

Elle a pensé à moi, et elle m'a devinée... Qu'est-ce
donc que le cœur maternel ?... Un jour nouveau a péné-

tré dans tout mon être... J'entends parler d'amour pour la première fois, et c'est ma mère morte qui m'en parle! C'est elle qui me dévoile le secret dont je ne pouvais encore me rendre compte!... Oui, ce que j'éprouve pour Oscar, ce n'est pas une sympathie banale, ce n'est pas une amitié de petite fille; c'est quelque chose de grave et de doux, d'enthousiaste et de saint! Oui, maman, ton vœu sera rempli... J'aime celui que tu me destines; je l'aimerai toute ma vie, car en l'aimant je penserai encore à toi... Je suis si heureuse! Je suis si calme!... Et pourtant mon cœur bat à m'étouffer. J'ai la tête en feu... J'ai besoin de respirer, de prendre l'air, de regarder le ciel... *(Elle s'approche de la terrasse et pousse un cri.)*

Ah! Le feu follet... encore! Encore!... pour la troisième fois!... Ma grand'mère est une sainte... Elle ne peut pas se tromper... La légende dit vrai! Quelqu'un va mourir dans cette maison... C'est cela; mais qui? Grand'-maman?... Non... Non! Je ne veux pas! Ce serait trop cruel, quand elle pourrait jouir de son œuvre... Non... non!... C'est donc Oscar?... Mais est-ce que je puis vivre sans Oscar? C'est le ciel qui me l'envoie... ce sont mes deux mères qui me l'ont choisi... C'est impossible!... C'est moi alors! Mais pourquoi tout cela?... Ah! J'étouffe! Je me sens mal! *(Elle arrive en chancelant jusqu'au fauteuil, jette violemment la poupée de côté, et tombe dans le fauteuil en se couvrant la figure de ses mains. — Après s'être calmée.)*

Au fond, ce qu'il y aurait de mieux, c'est que ce fût moi... Oh! non, je n'aurai pas le chagrin de ne pouvoir rendre à grand'maman les soins qu'elle m'a donnés... Si c'était Oscar... ce serait la même chose, puisque je ne

lui survivrais pas, et alors grand'maman resterait seule...
Si nous pouvions finir tous ensemble... voilà qui serait
bien !... Quel bonheur ce serait! (*Elle se lève et trébuche
contre la poupée.*) Qu'est-ce que cela?... Qui a mis ce stupide joujou ici?... Quelle bête de chose !... Un morceau
de carton avec des chiffons ridicules !... Il faut jeter cela
par la fenêtre... Cela... mais c'est ma poupée ! c'est celle
qui a été Mimi... Elle n'est plus rien maintenant... Elle
est morte... morte ! Mais alors, c'est elle qui devait mourir ici ! C'est ma poupée qui est morte ! C'est mon enfance
qui est finie !... Adieu, Mimi! ... Adieu, ma bonne enfance !... Je ne sais ce que me réserve l'avenir, mais le
passé a été bon parce qu'il a été sous l'égide de l'amour
maternel... J'ai le cœur plein de reconnaissance. (*Elle
veut sortir et se retourne.*) Et vous, Mademoiselle, on va
vous mettre dans un beau coffre, et quand ma fille sera
grande, c'est vous qui lui enseignerez l'histoire ! (*Elle
sort.*)

Fin.

L'HEURE DE LA LIBERTÉ

Saynète

Par M. Jules GUILLEMOT

PERSONNAGES

AGÉNOR, employé.
VICTORINE, sa femme.
UNE BONNE.

L'HEURE DE LA LIBERTÉ

Une pièce modestement meublée, moitié salon, moitié salle à manger. Sur un des côtés de la scène, un grand canapé adossé à la paroi : au fond, une table dressée, portant deux couverts et les préparatifs d'un déjeuner froid : hors-d'œuvre, salade, fruits. En face du canapé, il y a une fenêtre, actuellement ouverte.

SCÈNE PREMIÈRE

AGÉNOR, seul.

(Il est paresseusement étendu sur le canapé, vêtu d'une robe de chambre et chaussé de pantoufles. Il fume une cigarette. On entend sonner dix heures dans une pièce voisine.)

AGÉNOR, sans se déranger.

Oui, sonne, ma bonne amie ; va, sonne tant que tu voudras : ça m'est bien égal, aujourd'hui ! Dix heures ! C'est bien dix heures ! Quand je pense qu'hier, hier encore, à pareille heure, je m'écriais, effaré : « Victorine ! ma redingote ? Où as-tu mis ma redingote ? Tu verras que je serai encore en retard au bureau et manquerai la feuille de présence ! » (*Riant.*) Ah ! ah ! La feuille de présence ! Elle peut m'attendre à présent ! Je suis libre,

libre comme l'air. Et encore!... l'air!... on le comprime. Non, il n'y a pas au monde de comparaison qui puisse exprimer combien je suis libre.

(*A ce moment, il se lève du canapé, et s'avance vers le public.*) Et tout cela, je le dois à ma tante Anastasie, — excellente parente, dont la perte m'est bien allégée par cette circonstance qu'elle était brouillée avec sa famille et que je ne l'ai jamais vue. — Aussi, maintenant que j'ai liquidé ma tante, et que le notaire m'a assuré que j'étais à la tête de huit mille livres de rente, je ne fais ni une ni deux, j'envoie carrément ma démission au ministre des Travaux Forcés... (*Se reprenant.*) je veux dire : des Travaux Publics, chez qui j'émargeais de modestes appointements de deux mille sept cents francs. (*Montrant une lettre placée sur la cheminée.*) Voici la lettre que je vais faire porter aujourd'hui même.

Et voilà comment, ce mercredi quinze avril, jour de terme, au lieu de descendre cet escalier quatre à quatre, je flâne à cette fenêtre, (*Il s'approche de la fenêtre.*) drapé dans ma robe de chambre, et les pieds bien à l'aise dans ces moelleuses pantoufles. (*Regardant par la fenêtre et avisant quelqu'un qui passe au dehors.*) Tiens! c'est Béquillard! Bonjour, Béquillard ! ça va bien? — Moi aussi, merci !

Ah! comme il court! C'est pour signer la feuille. Oh! cette feuille! C'est humiliant, et rien qu'à cause d'elle, si j'avais un fils, je le détournerais bien de se faire employé. (*Regardant toujours par la fenêtre.*) Il est déjà loin. — Ce pauvre Béquillard! Que va-t-il devenir aujourd'hui, et qui lui fera son piquet? Car, enfin, c'était réglé comme du papier de musique; et, il faut bien le dire, cette régularité de la vie administrative a du bon. De dix heures à midi, lecture des journaux et discussions politiques ; nous en avions beaucoup des journaux : Béquillard avait le sien ; Tournesol, de Rigneville, Fromageot, Laforêt, aussi ; j'apportais le mien de mon côté. Toutes les opinions étaient représentées, du blanc le plus pur au rouge vif. Enfin, de midi à deux heures, quelques cents de piquet avec Béquillard. A partir de deux heures, par exemple, le travail, le travail d'arrache-pied, entremêlé de quelques visites dans les bureaux voisins. A trois heures et demie, on serrait les plumes ; on s'en allait à quarte. Mon Dieu, en somme, cette vie n'a rien de bien pénible ; seulement, on n'est pas libre, — voilà le mal : on n'est pas libre. — Mais, Victorine tarde bien ! Ce pâté, qu'elle est allée chercher, on le lui confectionne donc sur place ? Ah ! la voici, enfin !

SCÈNE DEUXIÈME

AGÉNOR, VICTORINE.

AGÉNOR

Dieu merci, te voilà ! J'ai une faim...

VICTORINE, met son pâté sur une assiette, et pose un journal sur un meuble.

Si tu crois qu'on se fait servir comme on veut ?... Quelle foule !... Ah ! c'est un bon état d'être pâtissier ! (*Elle va chercher la petite table dressée et l'amène sur le devant de la scène.*) Comment ! tu es encore en robe de chambre ?

AGÉNOR

Encore!... Apprenez, Madame, que la robe de chambre étant l'emblème de la liberté, je ne quitte plus la mienne que pour sortir, — si je sors, — puisque aussi bien, je ne sortirai que si je veux.

VICTORINE

Alors, vite à table!

AGÉNOR

Volontiers! Bien volontiers! -- Oh! oh! il embaume, ton pâté.

VICTORINE

Tu vois que, s'il s'est fait attendre...

AGÉNOR, attaquant le pâté.

... Il tient à se le faire pardonner. — A propos, ma petite Victorine, maintenant que nous voici dans l'aisance, j'espère bien que c'est le dernier jour que tu te sers toi-même.

VICTORINE

N'aie pas peur : j'attends aujourd'hui même une bonne que m'envoie la boulangère, et qui, selon toute apparence, fera notre affaire à merveille.

AGÉNOR

A la bonne heure! — Tu lui donneras ma lettre de démission à porter. — Encore du pâté!

VICTORINE

Oh! oh! tu as de l'appétit, ce matin.

AGÉNOR

L'air de la liberté : c'est encore plus sain que celui de la mer ou des pins d'Arcachon. — Tiens, au fait, les pins d'Arcachon ! voilà une chose qu'il faudra aller voir : nos moyens nous le permettent.

VICTORINE

Oh ! nos moyens ! nos moyens ! Prends garde d'aller trop vite. Huit mille francs de rente ne mènent pas aussi loin que tu as l'air de le penser. Ah ! mon pauvre Agénor ! on voit bien que tu m'as toujours laissé le soin d'aligner les chiffres du livre de dépense.

AGÉNOR

Bah ! nous vivions bien avec quatre mille francs !...

VICTORINE

Dis que nous vivions mal, et encore au moyen de vrais prodiges d'économie, dont vous ne vous doutez pas, vous autres hommes, soit dit sans nous vanter, nous autres femmes.

AGÉNOR

Enfin, si nos huit mille francs ne nous mènent pas loin, loin, ils nous mèneront toujours bien jusqu'à Arcachon, quand ce ne serait qu'en troisième.

VICTORINE

Tu tiens donc bien à Arcachon ?

AGÉNOR·

Mon chef de bureau y· va toujours passer ses vingt-cinq jours ; et il nous en fait des descriptions dont l'en=

thousiasme hyperbolique doit s'augmenter un peu du plaisir de faire comprendre à de pauvres petits employés : « Hein ? voilà un pays où vous n'irez jamais ! vos moyens ne vous le permettent pas ! » Eh ! bien, je ne serai pas fâché de m'y montrer à lui, de m'y montrer en homme libre, et de vérifier un peu par moi-même la supériorité de ce paysage lointain.

VICTORINE

En attendant, qu'est-ce que tu veux faire aujourd'hui ?

AGÉNOR

Je n'en suis pas en peine, va : quand on n'a que l'embarras du choix !... — D'abord, j'ai mon journal : tu as pensé à m'acheter mon journal ?

VICTORINE, montrant un journal qu'elle a apporté et déposé,
en entrant, sur un meuble.

Le voilà !

AGÉNOR

Bon ! (*Avec un léger regret.*) Ah ! si j'étais au bureau, j'aurais celui de Béquillard, celui de Rigneville, celui... enfin six journaux, ma chère, nous avons... c'est-à-dire, nous avions six journaux ! C'était charmant !

VICTORINE

Enfin, quand tu auras lu ton journal ?...

AGÉNOR

Quand j'aurai lu mon journal, mon unique journal,— ce qui ne sera pas long, malheureusement...

VICTORINE

Malheureusement? On dirai que tu t'ennuies déjà!

AGÉNOR

Moi, m'ennuyer? Oh! par exemple, elle est bien bonne, celle-là! S'ennuyer! Un homme qui n'a que l'embarras du choix pour ses occupations! Quand je ne ferais qu'un tour de boulevard !

VICTORINE

Un tour de boulevard ne t'occupera pas toute la journée.

AGÉNOR

Non, c'est vrai. — Dis donc : si je t'emmenais au Bois?

VICTORINE

C'est très galant à toi : merci! mais impossible.

AGENOR

Et pourquoi?

VICTORINE

C'est le jour de Clémence, qui m'attend sans rémission; et puis, je veux prendre des nouvelles de ta tante, qui était très souffrante hier. Clémence demeure près de la Bastille, et ta tante rue de Courcelles : tu vois!... Et ce n'est rien encore ; j'ai à passer chez ma couturière : ma dernière robe me gêne horriblement.

AGÉNOR

Tu engraisses peut-être?

VICTORINE

Non, monsieur, non : je n'engraisse pas. Ma robe est manquée : voilà tout. — Après cela, il faut que j'aille chez mon éditeur de musique, pour changer une partition, chez le tapissier, pour ces rideaux qui ne veulent pas tenir, et enfin dans deux ou trois magasins de nouveautés.

AGÉNOR, riant.

Eh! là là, arrête-toi! Les jambes me rentrent dans le corps. — Et c'est tous les jours comme ça ?

VICTORINE

A peu près. — Vous vous imaginez, vous autres messieurs, que les dames passent leur vie à ne rien faire : c'est une erreur.

AGÉNOR

Je m'en aperçois. — Malpeste! Que d'affaires! — Mais enfin, qu'est-ce que je vais faire, moi? Je ne peux pourtant pas me promener tout seul! (*Ils se sont levés de table. A ce moment, on entend, dans la pièce voisine, la pendule sonner midi.*) Midi! si j'étais au bureau, Béquillard ne manquerait pas de venir me frapper sur l'épaule, en disant : « Et puis ? » C'est sa formule invariable. Moi, je comprends à demi mot, et nous commençons ce bon cent de piquet.

VICTORINE

Eh! bien, que n'y vas-tu, au bureau?

AGÉNOR

Ah! par exemple! Un homme libre! — Écoute! je

crois bien que je vais m'ennuyer toute la journée seul ; mais j'aimerais mieux m'ennuyer dehors que de m'amuser au bureau : voilà comme je suis, moi ! (*A ce moment, on entend résonner la sonnette d'entrée.*) Ah ! quelqu'un !

VICTORINE

Je vais ouvrir. (*Elle sort.*)

AGÉNOR, un moment seul.

Ce pauvre Béquillard ! Bien sûr, je lui manque, et cruellement encore ! Et pourquoi ne pas l'avouer ? Il me manque aussi. Mais aller au bureau, jamais !

VICTORINE, rentrant avec une jeune fille, élégamment mise,
qu'elle introduit.

Entrez, mademoiselle ! — Mon ami, c'est la bonne que nous attendions.

AGÉNOR, étonné de la toilette élégante de la visiteuse.

Ah ! mademoiselle est la... — Reçois-la donc, chère amie, pendant que je vais faire ma toilette. (*Il sort.*)

SCÈNE TROISIÈME

VICTORINE, LA BONNE.

VICTORINE, s'asseyant.

C'est donc vous, mademoiselle, qui m'êtes adressée par la boulangère ?

LA BONNE. s'asseyant aussi, sans en être priée.

Par madame Rathelot, oui, Madame.

16.

VICTORINE

Vous savez mes conditions? Trente-cinq francs, pour commencer.

LA BONNE

C'est bien peu... de quoi payer ma modiste; mais on m'a dit que Monsieur et Madame étaient des personnes sérieuses: c'est ce qui m'a décidée. (*Tirant un calepin de sa poche et lisant des notes.*) « Monsieur, modeste « employé aux Travaux Publics, — homme simple et » paisible, — se détournerait de son chemin pour ne « pas écraser une mouche, — a fait un joli héritage; « Madame, bien élevée, un peu regardante... »

VICTORINE, vivement

Plaît-il ?

LA BONNE

Madame pense bien que nous prenons aussi nos petits renseignements! Et même, je dois faire un aveu à Madame. Je sais qu'elle n'a pas eu d'autre service avant moi : je n'aime pas beaucoup ça. Mais j'espère que Madame sera raisonnable. C'est que je ne voudrais pas qu'on vînt tatillonner et tourner autour de moi. Je suis habituée aux égards; je puis dire qu'avant d'entrer chez Madame, je n'avais jamais eu affaire qu'à du très beau monde. — Au reste, voici mes certificats.

VICTORINE parcourt les certificats, et dit :

Ces certificats sont fort bons; mais ces personnes...

LA BONNE, achevant la phrase.

Sont inconnues à Madame ? Oui : c'est du très beau monde.

VICTORINE

Je verrai ces dames.

LA BONNE

C'est cela : Madame verra ces dames.

VICTORINE

Ah? — Cousez-vous?

LA BONNE

Non, Madame; je suis une bonne à tout faire; je ne suis pas une couturière.

VICTORINE

Et frotter?

LA BONNE

Jamais!... Mon docteur me l'a défendu. Je serai même obligée à Madame de prendre quelqu'un pour les gros ouvrages, tels que déplacer les meubles pour nettoyage à fond, monter le vin de la cave, laver la vaisselle quand il y a eu du monde à dîner, faire les chaussures quand il a plu.

VICTORINE

Comment? même les chaussures?...

LA BONNE

Sans doute, Madame : je ne suis pas une décrotteuse, je suis une bonne à...

VICTORINE

A tout faire, c'est convenu. — Et, sous ce prétexte, vous ne faites rien !

LA BONNE

Madame pense bien que, pour trente-cinq francs!...
Si mon docteur ne m'avait pas recommandé d'entrer
dans une maison tranquille!...

VICTORINE, à part.

En vérité, elle commence à m'amuser. (*Haut.*) Est-ce
tout ce que vous avez à me demander, mademoiselle ?

LA BONNE

A peu près... Ou plutôt, non. Je voulais dire à Madame : Madame n'a pas d'enfants ?

VICTORINE

Pas pour le moment.

LA BONNE

Bien, très bien. — Seulement si, un jour, Madame
devait... changer d'avis... je pense bien que Madame ne
se privera pas pour m'être agréable, bien sûr... alors,
je la prierais de me prévenir, car je ne peux pas souffrir
les enfants.

VICTORINE

C'est bon à savoir. — Est-ce tout, cette fois ?

LA BONNE

Pas encore. Je prierai Madame de me dire les heures
des repas.

VICTORINE

A quoi bon ?

LA BONNE

J'ai l'estomac délicat; et je tiens beaucoup...

VICTORINE

C'est que je ne puis vous dire : mon mari vient de donner sa démission ; et toutes nos habitudes vont en être modifiées.

LA BONNE, vivement.

Monsieur a donné sa démission ?

VICTORINE

Oui.

LA BONNE

Sa démission ? De sa place ?

VICTORINE

Naturellement. — Que vous importe ?

LA BONNE

Oh ! Madame, ceci change bien les choses.

VICTORINE, surprise.

Et pourquoi ?

LA BONNE

Je ne sais si je dois entrer dans une maison où le maître est inoccupé.

VICTORINE

En vérité ?

LA BONNE

Oui, Madame. C'est trop dangereux. Je suis une honnête fille, moi ; et comme j'y ai déjà été prise une fois...

— Je demande à Madame une heure de réflexion. Je repasserai. (*Elle va pour sortir.*)

VICTORINE

En attendant, voulez-vous vous charger de mettre cette lettre au Ministère des Travaux Publics? C'est à deux pas.

LA BONNE, prenant la lettre.

Oui, Madame. (*En sortant.*) Votre servante, Madame, mais votre domestique, je ne crois pas.

SCÈNE QUATRIÈME

VICTORINE, seule.

Elle est étonnante, cette fille, avec ses grands airs!... Vit-on jamais?... Et quand on pense que je ne trouverai peut-être pas mieux! (*Imitant la bonne.*) « Je ne sais si je dois entrer dans une maison dont le maître est inoccupé : c'est trop dangereux. » — La sotte!... Sotte? Non, ce n'est pas le mot. Il y a bien du vrai dans ce qu'elle a dit là. Mais a-t-on idée?... Venir me dire ces choses-là en face, à moi!... (*Baissant la voix.*) Quand déjà, surtout, je me les étais dites moi-même. Je ne sais rien d'agaçant comme ces importuns dont les paroles viennent faire chorus avec une pensée irritante qui vous poursuit déjà. — Voyons! voyons! est-ce que j'en serais vraiment à regretter la liberté de mon pauvre Agénor? Mon mari est la bonté même, et, comme dit cette fille, « il se détournerait de son chemin pour ne pas écraser une mouche ». Mais il est faible ; le désœuvrement et l'ennui

sont de mauvais conseillers. Il va s'ennuyer, pour sûr ;
car je le connais : il n'est pas homme à savoir se créer
des occupations en dehors de celles qui lui sont toutes
tracées ; et voilà pourquoi ce bureau, dont ils disent tant
de mal, leur est si utile à tous, si nécessaire même.
Comment lui faire comprendre?... Agénor est bon ;
mais il a ces faiblesses d'amour-propre qu'ont tous les
hommes. Céder à l'avis de sa femme lui paraît... Comment dirai-je ? une honte ? Non, c'est trop : un amoin-
drissement. Si je pouvais, sans qu'il y parût... Eh ! mon
Dieu ! messieurs, vous nous accusez d'aimer les chemins
tortueux. A qui la faute ? Puisque vous ne nous permettez pas de vous donner de bons conseils, il faut bien que
nous nous arrangions pour vous les faire prendre.

SCÈNE CINQUIÈME

VICTORINE, AGÉNOR.

AGÉNOR

Eh bien ! cette bonne ? tu l'as arrêtée ?

VICTORINE

Non, pas encore ! Une grande dame, mon cher ! J'ai
vu le moment où elle allait me demander de lui porter,
chaque matin, le café au lait dans son lit.

AGÉNOR

Ma parole ! il n'y a plus de domestiques ! Ce sont des
maîtres que nous louons à tant par mois. — Me voici
tout équipé pour sortir ; mais du diable si je sais ce que

je vais faire ! Décidément, Victorine, tu ne viens pas avec moi?

VICTORINE

Je le voudrais bien, mon ami ; mais songe à tout ce que j'ai à faire, et vois si c'est possible.

AGÉNOR

Eh bien ! j'irai seul ; mais où irai-je ?

VICTORINE

Mon pauvre ami, comme te voilà embarrassé ! Si ce doit être tous les jours comme cela !...

AGÉNOR

Non : vois-tu : les meilleures choses ont besoin d'un apprentissage, et la liberté, qui est le premier bien du monde... (*Mouvement de Victorine.*) Hein ? tu dis ?

VICTORINE

Moi ? Rien, mon ami. Tu dis que la liberté est le premier bien du monde. Comment pourrais-je contredire une vérité aussi incontestable ?

AGÉNOR

C'est comme la lumière...

VICTORINE

Ah ! La lumière est aussi le premier bien du monde ?

AGÉNOR

Non ; mais regarde un peu, si tu étais aveugle...

VICTORINE

Mon ami, si j'étais aveugle, je ne pourrais pas regarder.

AGÉNOR

C'est juste ; mais je voulais dire : vois un aveugle auquel on rend la vue. Est-ce qu'on va tout de suite l'exposer à la pleine lumière ? Non, n'est-ce pas? Il faut qu'il se raccoutume au soleil. Eh bien! la liberté est comme le soleil : on a besoin d'en reprendre l'habitude. Peut-être faut-il même n'en user d'abord qu'à petites doses.

VICTORINE

La comparaison est belle et l'exemple topique.

AGÉNOR

Et puis, d'ailleurs, où finit la servitude? où commence la liberté? Ce sont des questions.

VICTORINE

Sans doute, ce sont des questions.

AGÉNOR

Ainsi, au bureau...

VICTORINE, vivement.

C'était la servitude.

AGÉNOR

Eh bien! non, — et c'est ce que je me disais tout à l'heure en faisant ma toilette ; — non, ce n'était pas la servitude. Six heures de travail, entremêlées de la lecture des journaux et de quelques parties de piquet, cela ne peut vraiment pas s'appeler la servitude. C'était une occupation, simplement.

VICTORINE

Mais, mon ami, où veux-tu en venir avec tout cela ?

AGÉNOR

Moi? à rien. Je cause : voilà tout. (*Une pause.*) Il m'était venu une idée... Sais-tu où je pensais aller en me promenant ? Devine un peu.

VICTORINE

Au Louvre ?

AGÉNOR

Non.

VICTORINE

Au Bois ?

AGÉNOR

Non.

VICTORINE

Au boulevard ?

AGÉNOR

Pas encore... Tu ne devines pas ?

VICTORINE, vivement,

Ce n'est pas au bureau, toujours ?

AGÉNOR

Et pourquoi pas, au bureau? Mon Dieu, ce n'est pas pour moi, mais pour le pauvre Béquillard, qui ne doit avoir personne avec qui faire son cent, ou plutôt ses cents de piquet. — (*Pause.*) Tu ne dis rien ?

VICTORINE

Que veux-tu que je te dise, mon ami? Tu es libre. — Je n'aurais pas cru certainement que tu allasses au bureau aujourd'hui.

AGÉNOR

C'est pour Béquillard! — Il est une heure. J'arriverai encore à temps pour faire une bonne partie... c'est-à-dire, pour qu'il puisse faire une bonne partie. Allons, adieu! (*Fausse sortie : à peine arrivé au fond de la scène, il s'arrête, paraît réfléchir, puis redescend lentement.*) Dis donc, Victorine!

VICTORINE

Qu'est-ce, mon ami?

AGÉNOR, avec quelque embarras.

Vois-tu, Victorine, j'ai bien réfléchi tout à l'heure. Tu diras ce que tu voudras, mais décidément, le bureau avait ses avantages. C'est une bonne chose que d'avoir une occupation régulière et qui pourtant n'astreigne pas trop, une vie tout ordonnée et qui évite l'ennui de se dire : « Qu'est-ce que je pourrais donc bien faire aujourd'hui? »

VICTORINE, à part.

Comment ? Il y vient si vite!

AGÉNOR

Ah! si ma démission n'était pas donnée!

VICTORINE

Oh! donnée!... Ne pourrais-tu la reprendre?

AGÉNOR

Ah! pour cela, non, par exemple! j'aurais l'air d'une girouette. Si elle n'était pas donnée, au contraire... Dis-moi, es-tu bien sûre qu'on ait porté ma lettre?

VICTORINE

Hélas! oui : c'est cette bonne qui tantôt... Mais tiens! La voici elle-même.

SCÈNE SIXIÈME

LES MÊMES, LA BONNE.

LA BONNE

C'est moi, Madame! Toute réflexion faite, si vous vouliez que nous essayions l'une de l'autre...

VICTORINE

Oui; mais, d'abord, une question : avez-vous porté la lettre que je vous ai confiée?

LA BONNE

Ah! la lettre?

AGÉNOR, vivement.

Oui; la lettre!

LA BONNE

Mon Dieu, Monsieur, ne me mangez pas! La lettre?.. Je l'ai portée sans la porter.

VICTORINE

Expliquez-vous!

AGÉNOR, impatienté.

Ça manque de netteté.

LA BONNE

Voilà la chose. En me décidant à entrer chez vous...
à l'essai, n'est-ce pas ?... Car enfin, si la maison ne me
convient pas...

VICTORINE

Oui, oui ; à charge de revanche.

LA BONNE

C'est le droit de Madame.

VICTORINE

Vous êtes bien bonne.

AGÉNOR, de plus en plus agacé.

Mais la lettre ! la lettre !...

LA BONNE

Monsieur est vif : je ne sais pas si je pourrai m'accou-
tumer à ça. — Je disais donc qu'en me décidant à entrer,
je me suis fait une réflexion. De femme à femme, et par
obligeance, je pouvais me charger de cette lettre ; mais
du moment que je suis au service de Madame, je ne le
peux plus.

VICTORINE

Je ne comprends pas.

LA BONNE

Nous n'avons pas parlé des commissions : je suis une
bonne à tout faire, je ne suis pas un commissionnaire.

AGÉNOR

Enfin, la lettre?...

LA BONNE

Et passant devant la fruitière, dont le mari fait des courses, je l'ai priée de me l'envoyer : il était absent, il va venir.

AGÉNOR

De sorte que la lettre?...

LA BONNE, la tirant de sa poche.

Mon Dieu, la voilà, votre lettre! — Mais vous savez, Monsieur, il ne faut pas me parler comme cela : je suis très nerveuse, moi.

AGÉNOR, ne l'écoutant pas.

La voilà! La voilà! Ah! ma petite Victorine, que je suis content! (*Il embrasse sa femme.*)

LA BONNE, faisant mine de sortir.

Si je gêne Monsieur et Madame?...

AGÉNOR

Non, restez! Et, tenez, voilà cent sous pour vous.

LA BONNE

Mes arrhes?

AGÉNOR

Non : c'est pour ne pas avoir porté la lettre.

LA BONNE, étonnée.

Ah! (*A elle-même.*) L'argent se gagne facilement ici :

c'est une bonne maison. (*Haut.*) Si Monsieur veut que
je lui fasse encore des commissions comme ça?

AGÉNOR

Nous verrons. — Allons, adieu, ma petite Victorine :
je cours au bureau.

LA BONNE

Au bureau! monsieur n'a donc pas donné sa démission ?

AGÉNOR, avec quelque impatience.

Non. Mais qu'est-ce que cela vous fait?

LA BONNE

Ah! beaucoup, Monsieur! ça me décide tout à fait.

AGÉNOR

Ah! (*A lui-même.*) Quelle drôle de bonne!

VICTORINE, à la bonne, sur le devant de la scène, tandis qu'Agénor met son pardessus, au fond.

Inutile de lui dire que vous y avez déjà été prise une
fois... par votre ancien maître : il ne faut pas donner de
mauvaises idées aux hommes.

LA BONNE

Alors, Madame me garde ?

VICTORINE

A l'essai! (*A part.*) Je la surveillerai.

AGÉNOR, au moment de sortir.

Oh! qu'il est tard! — Je serai à l'amende, pour sûr;

mais mes moyens me le permettent. (*Il va pour sortir, puis il redescend.*) Décidément, Victorine, cela ne te contrarie pas?

VICTORINE

Non, si cela te convient ainsi.

AGÉNOR

Excellente femme ! A revoir, à revoir ! — C'est Béquillard qui va être content ! (*Il sort en courant.*)

Fin.

L'HOMME QUI A TROUVÉ

Monologue

Par M, Charles CROS

L'HOMME QUI A TROUVÉ

Je demeure à Vaugirard. Il faut que je rentre. Je n'ai qu'un instant pour vous expliquer ma découverte.

Ce n'est pas beau, Vaugirard, mais c'est tranquille, et, pour le travail de tête, il faut être tranquille. Ma femme n'aime pas Vaugirard (les femmes ne comprennent pas le travail de tête); aussi, elle sort tous les jours: elle va dans Paris, chez une amie de pension, ou dans les magasins. Alors je reste seul et ma tête travaille.

Ma femme a un cousin qui est officier d'artillerie : ça a commencé à me mettre sur la voie. Il dîne tous les jours à la maison, et je lui explique mes idées. Il écoute bien. Il a un pantalon avec trois raies rouges : deux larges et une fine, au milieu.

Mais, où j'ai vraiment commencé à me douter de quelque chose, c'est au chemin de fer de ceinture. J'attendais ma femme qui devait rentrer avec son cousin. Je regardais ces quatre rails sans fin, et ma tête travaillait. Je m'ennuyais; c'est quand on s'ennuie qu'on trouve les choses. Je levais le nez en l'air, et je comptais les fils du télégraphe; il y en avait vingt-deux.

Ils sont débarqués (ma femme et son cousin) très en retard. J'étais tout près de deviner, mais je n'avais pas encore assez réfléchi ni assez observé.

Observez! observez! C'est comme ça qu'on découvre.

Eh bien! c'est au Jardin des Plantés que la lumière s'est faite, tout d'un coup, dans ma tête. Ma femme m'avait envoyé à la Salpêtrière apporter une demi-douzaine de bas de laine à sa nourrice.

Il faisait très chaud, et en sortant de l'hospice, je vois le Jardin des Plantes en face. De la verdure! De l'ombre! (Il n'y a pas beaucoup de verdure ni d'ombre à Vaugirard.)

J'entre au Jardin des Plantes et j'arrive devant le zèbre. Il était fou, ce zèbre; il courait dans son petit parc... il courait!

Alors j'ai compris tout à fait; ma découverte était complète.

Je me dis : le zèbre, célèbre par sa vitesse, est rayé. Donc ce qui est rayé va vite, et, réciproquement, tout ce qui va vite est rayé. Je vais vous le prouver.

Il était tard, je prends le·tramway; ça va vite : c'est une sorte de chemin de fer, ça a des rails, c'est rayé.

En tramway je récapitulais : le cousin de ma femme.... pantalon rayé; il marche vite. Il commande une batterie de canons rayés.

Qu'est-ce qui va plus vite que les obus?

J'étais sur l'impériale : il se met à tomber des gouttes. C'était un orage... Des éclairs! Voilà qui est rapide! Ça raye le ciel! C'est rayé, c'est comme les fils du télégraphe, des raies dans la campagne, où l'électricité passe avec une vitesse!... Il pleuvait très fort, mais la pluie, ça tombe vite : c'est rayé, la pluie, comme le télégraphe, mais dans l'autre sens.

La pluie cesse. Sur le boulevard Montparnasse j'entends : « Il arrive! tout frais! il arrive! » C'était une marchande de poissons. Ces poissons paraissaient tout frais, en effet; ils sont donc arrivés bien vite... Parbleu! Ils ont le dos rayé.

Oh! je pourrais accumuler les preuves de ma découverte. Mais vous n'êtes pas savants; ça vous fatiguerait.

Pourtant, tenez! un dernier exemple... Les lettres subissent des retards pendant l'hiver; à la poste on dit que c'est la neige qui obstrue les routes. Eh bien! pas du tout! En hiver les facteurs ont des pantalons de drap uni, tandis qu'en été ils les ont en coutil rayé! Alors les lettres arrivent vite.

Ça vous amuse? Alors encore un exemple :— ça sera le dernier. Le cousin de ma femme joue du piano; il fait des notes; il en fait des masses dans une seconde! Eh bien! où trouve-t-il ces notes? Sur du papier rayé. Le piano lui-même est rayé (les cordes)!

Vous n'êtes pas savants. Vous allez me dire : tout ça ce sont des théories. A quoi, ça sert-il?

Mais les applications sont immenses! Assurer la vitesse des correspondances grâce à un costume complètement rayé, en toute saison, pour les employés.

Par contre, il faut défendre absolument ce genre de vêtements aux caissiers.... Enfin, c'est infini, c'est superbe !

Eh bien! Voyez comme sont les gens! J'arrive chez moi en courant, j'étais en sueur; avec la pluie qui avait trempé mon chapeau, ça me faisait des raies noires sur la figure.

Ma femme n'était pas sortie. Il y avait aussi son cousin. Ils semblaient avoir chaud. — Je crie en entrant : « J'ai tout découvert! Je comprends tout maintenant! »

Ma femme s'est évanouie ; son cousin a attrapé son sabre et voulait se sauver. (Il ne comprend pas la science !)

J'ai versé une carafe d'eau sur la tête de ma femme, et, quand elle a été mieux, je lui ai expliqué ma découverte : tout ce qui est rayé va vite.

Croyez-vous qu'alors elle s'est mise à rire, mais à rire ! J'ai cru qu'elle allait encore s'évanouir. Et son cousin aussi riait ! C'était nerveux : ils ne comprennent pas la science.

Ça ne fait rien, ils en profitent, car j'ai acheté une robe rayée à ma femme pour qu'elle rentre un peu plus tôt que d'habitude pour le dîner.

Je me sauve ; je serai en retard. Voyez ! (*Il montre son pantalon.*) pas de raies[1].

[1] CASCADE POSSIBLE POUR FINIR. (*Il rentre.*) J'y pense : on dit « les morts vont vite » c'est tout simple : — ils sont rayés..., de la liste des vivants.

Fin.

MADAME LIMARAY?

Comédie en un acte

Par M. Auguste EHRARD

A mon ami SAINT-GERMAIN

PERSONNAGES

LUCIEN............ M. SAINT-GERMAIN.
STÉPHANIE........ Mlle G. CASTELIER.

De nos jours, chez Lucien, à Maisons-Laffitte.

MADAME LIMARAY?

Salon de campagne donnant sur un jardin. Au fond, porte à deux battants ; portes latérales. Au premier plan, à droite, fenêtre avec un store levé. Près de la fenêtre, un guéridon.

SCÈNE PREMIÈRE

LUCIEN

(*Il est devant une glace et se cravate de bleu, sans y parvenir.*) Je n'y arriverai pas... Ah ! au diable !.. Je vais mettre une cravate noire ; ça sera plus vite fait. Je sais bien que le bleu me sied à ravir ; mais, ma foi, pour une entrevue matrimoniale... le noir... Une entrevue matrimoniale... Ça ne me tente pas du tout. (*Prenant sur le guéridon une lettre et la parcourant.*) « Cher monsieur, ma nièce, jeune femme charmante... » Charmante... Elles le sont toutes avant le mariage... « Veuve d'un capitaine de frégate... » Veuve... Voilà encore ce qui me chiffonne... et d'un capitaine de frégate !... Une femme accoutumée aux tempêtes, sans doute... Moi qui n'ai pas le pied marin... (*Il repose la lettre.*) Non, ça ne me tente pas du tout. Et puis... Stéphanie !.. Car ma future s'appelle Stéphanie !.. Décidément j'aime mieux y renoncer. Je ne

pourrais jamais appeler ma femme... (*Il s'approche vive-*
ment de la fenêtre et regarde.) Oh!.. Non... Personne!...
J'ai cependant aperçu une ombre... Quelle voisine originale ! Depuis un mois qu'elle est là, elle n'a pas mis le
pied dans son jardin... excepté hier où je l'ai entrevue
pour la première fois. Elle n'est pas mal... En tout cas,
elle est certainement mieux que son mari. En voilà un qui
est laid!.. et qui a l'air bête!... Il a tout pour lui, cet
homme, tout...peut-être pas sa femme, néanmoins. Si je?..
Ça vaudrait autant que d'épouser une veuve qui s'appelle
Stéph... J'y penserai. En attendant... (*Il remonte et re-*
garde dans le jardin.) Une femme chez moi?... Une
jeune et jolie femme?... Qu'est-ce qu'elle peut bien me
vouloir? Pardieu! si c'est une aventure, elle est la bien
venue.

SCÈNE DEUXIÈME

LUCIEN, STÉPHANIE.

STÉPHANIE, une ombrelle à la main.

Je vous demande pardon, monsieur, je me suis éga-
rée...

LUCIEN

Cela arrive quelquefois, madame. Ainsi, moi, l'autre
jour, sur le Pont-Neuf... Il est vrai que ce n'est pas mon
quartier... eh! bien... Mais vous disiez ?

STÉPHANIE

Je n'ai rencontré personne pour m'indiquer mon che-

min ; et, trouvant votre porte ouverte, je me suis permis
d'entrer...

LUCIEN

Les portes sont faites pour cela. En effet, ce côté de
Maisons-Laffitte est assez désert. Qui demandez-vous ?

STÉPHANIE

Madame Limaray.

LUCIEN

Madame Limaray ?

STÉPHANIE

Oui, monsieur.

LUCIEN, après un geste indiquant qu'il ne connaît pas, à part.

Oh !.. (*Haut, changeant de ton.*) C'est ici, madame.

STÉPHANIE, sèchement.

Ah !

LUCIEN, à part.

Connais pas du tout.

STÉPHANIE, sèchement.

Puis-je la voir, monsieur ?

LUCIEN, très aimable.

Si vous voulez bien vous donner la peine de l'attendre
quelques instants...

STÉPHANIE

Elle est sortie ?

LUCIEN, *vivement*.

Précisément... Si vous me permettez de vous tenir compagnie, je...

STÉPHANIE, *encore plus sèchement*.

Je vous remercie, monsieur; je l'attendrai en me promenant dans le parc. (*A part*.) C'est le mari. (*Elle sort*.)

SCÈNE TROISIÈME

LUCIEN

(*Il reste un moment interdit. Imitant la voix de Stéphanie*.) Je vous remercie; je l'attendrai en me promenant dans le parc. (*Reprenant sa voix naturelle*.) Eh! promène-toi dans le parc... et même hors du parc, si bon te semble... pimbèche! Soyez donc aimable!.. (*Regardant dans la coulisse*.) La voilà là-bas... Que cherche-t-elle? (*Criant*.) Ah! Ah! Est-ce qu'elle est aveugle?... Madame, vous écrasez mes glaïeuls!... C'est fait! les malheureux sont écartelés vifs... Eh bien!.. par exemple! C'est trop fort! Elle piétine maintenant sur mes résédas!.. Ah! ça, elle n'a aucune idée de la propriété, cette jeune femme!.. (*Regardant de nouveau*.) Je ne la vois plus... Elle est peut-être partie... Quelle chance! Il faut que je m'en assure! (*Il sort par la gauche en courant*.)

SCÈNE QUATRIÈME

STÉPHANIE

(*Elle entre par le fond, s'arrête et regarde*.) Il n'y est plus? tant mieux! Le tête-à-tête avec cet homme m'eût été odieux. (*Elle s'assied.*) Pas un banc dans tout ce jardin !... Ah ! pauvre Clotilde, c'est lui qui s'y oppose, bien certainement. Je suis brisée, de fatigue et d'émotions. Depuis cinq ans que nous ne nous sommes vues, que de choses elle doit avoir à me dire, que de chagrins, qu'elle n'a pas osé confier au papier, elle va m'avouer en pleurant ! car elle a dû bien souffrir pour m'écrire une pareille lettre. (*Tirant de sa poche une lettre et lisant.*) « Puisque tu veux absolument que je te parle de moi, je te dirai que je ne suis pas heureuse ; mon mari... » Monstre ! Je le hais, cet homme !.. « Mon mari, qui ne m'aime plus... » Qui ne l'aime plus !.. « Se montre maintenant sous son vrai jour : il est violent, emporté ; les scènes qu'il me fait deviennent intolérables ; il en arrivera à me battre... » (*Elle se lève.*) La battre !.. J'arrive à temps. Est-ce qu'elle peut continuer à vivre avec ce...? Je ne trouve pas de mot assez fort. (*Marchant avec agitation.*) Ah ! monsieur ! parce que vous êtes le mari, que vous avez eu le bonheur de rencontrer une femme douce, résignée, vous vous croyez le droit d'abuser de votre exécrable pouvoir ! Eh bien ! nous le traînerons devant les tribunaux, votre pouvoir ! Nous prendrons des défenseurs ; nous aurons nos juges, nos avoués, nos avocats, nos témoins. (*Rentre Lucien.*) Et nous vous ferons condamner, chasser d'ici et mettre en prison !

SCÈNE CINQUIÈME

LUCIEN, STÉPHANIE.

LUCIEN, à part.

Elle parle toute seule... Serait-ce une folle que j'ai reçue?

STÉPHANIE, sans voir Lucien.

Nous verrons qui sera le plus fort de nous deux!

LUCIEN, à part.

Et moi qui, la croyant partie, ai fermé la porte à clef!

STÉPHANIE, de même.

Croyez qu'il n'est pas facile de me faire démordre d'une idée.

LUCIEN, à part.

Elle reconnaît qu'elle est monomane.

STÉPHANIE, toujours de même.

Nous vous amènerons à mettre les pouces!

LUCIEN, à part.

La crise menace de devenir sérieuse. Diable!.. (*Il fait un pas pour remonter: Stéphanie se retourne et l'aperçoit.*

STÉPHANIE, à part.

C'est lui, l'infâme!

LUCIEN, à part.

Si j'avais de l'eau sous la main! .. Il paraît qu'en pareil cas l'eau froide...

STÉPHANIE. à part.

Que cherche-t-il ?

LUCIEN, à part.

Je ne sais plus où j'ai lu que pour apaiser les fous il fallait entrer dans leur folie.

STÉPHANIE, à part.

Comme il me regarde !

LUCIEN, à part.

Oui, mais quelle est sa folie ?

STÉPHANIE, à part.

Aurait-il deviné qui je suis? Je me sens inquiète.

LUCIEN, après un geste signifiant : « nous verrons », s'approchant de Stéphanie.

Madame...

STÉPHANIE, à part.

Méfions-nous! (*Elle met une chaise entre elle et Lucien. — Haut*). Monsieur?

LUCIEN

J'espère que ma présence... chez moi ne vous gêne pas?

STÉPHANIE

Nullement.

LUCIEN

Comme vous restiez debout, je craignais....

STÉPHANIE

Ne vous inquiétez pas de moi, je vous prie.

LUCIEN, à part.

Elle paraît plus calme.

STÉPHANIE, à part.

Cette douceur chez cet être brutal me confond.

LUCIEN, à part.

Tâchons de savoir à qui j'ai affaire.

STÉPHANIE, à part.

Si j'essayais de le confesser?... Cela pourrait nous servir aux débats.

TOUS DEUX, ensemble.

Madame... Monsieur...

LUCIEN

Pardon...

STÉPHANIE

Vous alliez dire?

LUCIEN

Mais vous-même?...

STÉPHANIE

Pensez-vous que Clotilde tarde à rentrer?

LUCIEN

Clotilde ?

STÉPHANIE, à part.

Son front s'est rembruni ; il la déteste.

LUCIEN, à part.

Ah !... Madame... dont je ne sais plus le nom.... (*Haut.*)
Je ne pense pas qu'elle tarde beaucoup.

STÉPHANIE

Il y a longtemps qu'elle est partie ?

LUCIEN

Mais... il y a déjà quelque temps.

STÉPHANIE

Pourvu qu'il ne lui soit rien arrivé de fâcheux ?

LUCIEN, froidement.

C'est la réflexion que je faisais.

STÉPHANIE

Et vous le dites comme cela ?

LUCIEN, souriant.

Sans doute.

STÉPHANIE, à part.

Que cet air souriant cache d'hypocrisie !

LUCIEN, à part.

J'ai dit une sottise.

STÉPHANIE, tirant un calepin de sa poche, à part.

Notons qu'il est hypocrite.

LUCIEN, à part.

Que fait-elle ?

STÉPHANIE

Allait-elle loin ?

LUCIEN

Clotilde ?... Je ne sais pas.

STÉPHANIE

Vous feriez mieux d'avouer que vous ne voulez pas le dire.

LUCIEN, se récriant.

Oh ! madame...

STÉPHANIE

Je connais Clotilde, monsieur : elle est incapable de sortir sans vous dire où elle va.

LUCIEN

Elle ne m'en a pourtant pas dit un traître mot.

STÉPHANIE, à part.

Il ment... Notons : hypocrite et menteur.

LUCIEN, à part

Ah ! ça ! elle sténographie mes paroles.

STÉPHANIE

Vous affirmez, n'est-ce pas, que vous ignorez où Clotilde est allée ?

LUCIEN

J'affirme.

STÉPHANIE

Levez la main !

LUCIEN, à part.

Hein ? (*Il lève la main gauche.*)

STÉPHANIE, sévèrement.

Pas celle-ci, vous le savez bien ; l'autre.

LUCIEN, à part.

C'est un juge d'instruction. (*Il lève la main droite.*)

STÉPHANIE

Jurez !

LUCIEN

Que je ?...

STÉPHANIE

Vous n'osez pas ?

LUCIEN

Si fait... si fait. Je jure. (*A part.*) C'est la folie judi-
ciaire ; elle a suivi trop de débats.

STÉPHANIE

Eh ! bien, monsieur, si Clotilde fait avec vous la mys-
térieuse, vous pouvez dire que c'est vous qui l'avez
voulu.

LUCIEN

Moi ?... Sans le vouloir alors.

STÉPHANIE

Soutiendriez-vous que c'est elle qui est coupable ?

LUCIEN

Je n'irai pas jusque-là.

STÉPHANIE

C'est heureux !

LUCIEN

Mais je peux dire que je ne le suis pas davantage.

STÉPHANIE

Et qui donc l'est ?... Ah ! Vous êtes bien homme !

LUCIEN

On me l'a déjà dit.

STÉPHANIE

Et vous ne pensez qu'à vous.

LUCIEN

C'est assez naturel.

STÉPHANIE

Quel horrible égoïsme. (*A part.*) Notons toujours,

LUCIEN

En quoi ?

STÉPHANIE, indignée.

Il le demande ! (*Posément.*) Monsieur, si Clotilde m'a-
vait écoutée, jamais elle n'aurait été votre femme.

LUCIEN

Ma...! (*A part.*) J'étais marié !..Le mari sans le savoir.

STÉPHANIE

Et dans sa lettre elle reconnaît à quel point j'avais raison.

LUCIEN

Ah ! Elle vous a écrit ?

STÉPHANIE

Vous le lui aviez défendu.

LUCIEN

Moi ?

STÉPHANIE

Cela ne m'étonne pas.

LUCIEN

Je vous donne ma parole...

STÉPHANIE

Vous exigiez qu'elle tînt secrète votre indigne conduite !

LUCIEN

Mais sapristi ! je...

STÉPHANIE

Il jure !... Il a tous les défauts. Mais rassurez-vous, monsieur, vous pourrez bientôt leur donner libre carrière, agir tout à votre aise ; l'existence que vous avez faite à Clotilde est devenue intolérable, et nous allons plaider, et nous obtiendrons une séparation !

LUCIEN

Oh !...

STÉPHANIE

Il est évident que c'est là que vous en vouliez venir. (*Geste de dénégation de Lucien.*) Ayez au moins le courage de l'avouer !

LUCIEN

Vraiment non, je n'aurai pas ce courage-là.

STÉPHANIE

Par un reste de pudeur probablement?

LUCIEN

En tout cas, madame, c'est un motif louable. (*Changement de place. A part.*) Ça va devenir très amusant.

STÉPHANIE, à part.

Il a pour lui quelque pudeur. Notons... pour être équitable.

LUCIEN, à part.

Elle est charmante. Gardons-nous de la détromper.

STÉPHANIE

Vous me disiez? (*A part.*) Il ne m'écoute pas. (*Haut.*) Monsieur?

LUCIEN, à part.

Ah ! oui... mais je ne veux pas qu'elle me prenne pour un mari...

STÉPHANIE, élevant la voix.

Monsieur ?

LUCIEN, à part.

Pourquoi pas?... En marquant un commencement de

repentir... Ça lui fournira l'occasion de me faire de la morale.

STÉPHANIE, à part.

Serait-il dur d'une oreille ?

LUCIEN, à part.

Et les femmes aiment assez faire de la morale aux hommes pour que les hommes n'en tiennent pas compte.

STÉPHANIE, récapitulant ce qu'elle vient d'écrire.

Hypocrite, menteur, égoïste, il jure, et il est sourd.

LUCIEN, à part.

Parfaitement. (*Stéphanie lui frappe sur le bras. Haut.*) Vous me faites l'honneur de me parler, madame ?

STÉPHANIE, parlant très haut.

Depuis cinq minutes environ

LUCIEN, riant.

Oh ! c'est étrange, tout à fait étrange !... (*A part.*) Pourquoi crie-t-elle comme ça ?

STÉPHANIE, à part.

Et imbécile !... C'est le bouquet. (*Toujours très haut.*) Veuillez m'écouter.

LUCIEN, à part.

Pourquoi donc crie-t-elle comme ça ?

STÉPHANIE, à part.

Veuillez...

LUCIEN

J'ai entendu... Je ne suis pas sourd. (*Un temps.*) Ah! madame, vous vous êtes montrée pour moi d'une sévérité excessive, (*Vivement.*) que vous regretterez, lorsque vous m'aurez entendu, je n'en doute pas.

STÉPHANIE, à part.

Il veut m'influencer, mais...

LUCIEN

Vous arrivez ici pour voir une amie malheureuse et vous trouvez un mari... coupable, moins cependant que vous ne le pensez, car si j'ai eu des torts envers Mathilde...

STÉPHANIE

Mathilde?

LUCIEN, se méprenant sur l'interruption.

Elle me permet encore de l'appeler de ce nom que j'aime tant.

STÉPHANIE

Elle est si bonne Clotilde ! (*Elle appuie sur le nom.*)

LUCIEN, s'apercevant de sa méprise.

(*A part.*) Clo ?... (*Haut.*) En effet... je... elle... (*A part.*) Je n'ai qu'un moyen de m'en tirer, plaidons! (*Haut.*) Je n'entends point m'absoudre; ce n'est pas un acquittement que je réclame, messieurs... (*Se reprenant.*) madame; non, ce n'est pas un acquittement; je ne demande que des circonstances atténuantes... très atténuantes. Je sais que, trop souvent, j'ai pu manquer à ces devoirs sacrés qui font de l'homme l'être aimé, vénéré, sur qui s'appuie la faiblesse de la femme ! Je sais que je n'ai pas toujours été le pilier d'airain sur lequel repose le fronton du grand temple de l'amour ! Mais mess... madame, je... (*A part.*) Je m'embrouille... Mettons des larmes dans ma voix ! (*Haut, avec une émotion feinte.*) Ah ! madame, plus un cœur est coupable, plus il est aimant. Que faut-il pour le ramener ? Une parole amie, un sourire, un regard même de côté, comme cela... C'en est assez : on revient, on se repent, et comme le repentir conduit à... (*A part.*) A quoi ?... (*Haut.*) à... à la conversion et la conversion... au repentir... alors... vous comprenez... et vous pardonnez. (*A part.*) Ouf!

STÉPHANIE, à part.

Penserait-il vraiment ce qu'il dit ?

LUCIEN, à part.

Je crois que j'ai produit quelque effet.

STÉPHANIE

Mais, monsieur ?...

LUCIEN

Madame ?

STÉPHANIE, à part.

Il parle fort bien.

LUCIEN

(*A part.*) Respeechons ! (*Haut.*) Hélas ! marié, jeune encore...

STÉPHANIE

Comment ? Vous aviez trente-huit ans quand vous avez épousé Clotilde.

LUCIEN

(*A part.*) Diable !... (*Haut.*) Je voulais dire... jeune de caractère. D'ailleurs je ne crois pas paraître mon âge.

STÉPHANIE

C'est vrai. (*A part.*) Sa figure est moins mauvaise qu'il ne m'avait semblé d'abord.

LUCIEN

Ainsi, madame, marié à une femme charmante dont la délicatesse...

STÉPHANIE

A été bien méconnue par vous.

LUCIEN, à part.

Des larmes ! Des larmes ! (*Haut.*) Pouvait-il en être autrement ?

STÉPHANIE

Certainement, monsieur.

LUCIEN

Non, madame ; les femmes nous seront toujours supérieures par le cœur, par le dévouement, l'abnégation de leur amour. Que de fois j'ai dû froisser cette âme de sensitive qui ne demandait qu'à s'ouvrir au bonheur comme la fleur aux premiers feux du jour !... (*A part.*) Est-ce assez Lamartine ce que je dis là ! (*Haut.*) Et la blessure une fois faite, (*Il tire son mouchoir et s'essuie les yeux.*) je n'ai pas su la guérir; au contraire, y portant une main maladroite, je l'ai ravivée... agrandie... (*Il s'arrête comme suffoqué de douleur. Profondément.*) Vous n'avez jamais été garçon, madame?...

STÉPHANIE

Comment, monsieur?

LUCIEN

Ce n'est pas une interrogation ; c'est une affirmation. Je dis : Vous n'avez jamais été garçon, Alors vous ne pouvez pas savoir... non, vous ne le pouvez pas !

STÉPHANIE

On devrait faire ces belles réflexions avant de demander à une femme de vous consacrer sa vie entière.

LUCIEN

Eh! sans doute, madame, mais on est entraîné, on ne réfléchit pas...

STÉPHANIE

C'est aimable pour nous.

LUCIEN

On ne réfléchit pas à la vertu qu'il faut déployer en ménage... non !... (*A part.*) Je n'en sortirai pas. (*Haut.*) Puis il y a les mauvais conseils, les plaisanteries de jeunesse qui vous reviennent à l'esprit. On se rappelle cette définition : épouse — le revers de la femme.

STÉPHANIE

Pardon... Le revers de la femme, c'est le mari.

LUCIEN

C'est un autre point de vue.

STÉPHANIE

Et pourtant, quand on s'aime...

LUCIEN, appuyant.

Quand on s'aime.

STÉPHANIE

Eh bien ! N'était-ce pas un mariage d'amour que vous aviez fait ?

LUCIEN, après un moment de surprise.

Je crois bien !

STÉPHANIE

Vous n'avez donc pas d'excuse. Il faut si peu de chose pour être heureux en ménage ! En définitive, le mariage n'est qu'une concession...

LUCIEN, à part.

A perpétuité.

STÉPHANIE

Que les deux époux doivent se faire à tout moment. C'est au mari à prévenir les désirs de sa femme, comme à celle-ci à deviner les volontés de son mari. Quoi de plus simple ? Monsieur veut sortir, madame veut rester ; chacun cède : monsieur reste et madame sort...

LUCIEN

Ah ! ah !... Et le lendemain ?

STÉPHANIE

Madame reste, monsieur sort.

LUCIEN

Et ne rentre pas?

STÉPHANIE

Plaît-il?

LUCIEN

Rien. (*A part.*) Elle est adorable. (*Haut.*) Vous venez
de faire de moi un autre homme, madame ; je vois quel
temps précieux j'ai perdu pour le bonheur ; il me tarde
de le réparer. Que dois-je faire pour vous prouver ma
reconnaissance?

STÉPHANIE

Aimer votre femme. Est-ce trop?

LUCIEN

Ce n'est pas assez. C'est vous personnellement que je
tiens à remercier. Ne puis-je rien pour vous?

STÉPHANIE, souriant.

Si, monsieur ; vous pouvez... me faire donner un verre
d'eau.

LUCIEN

Un verre d'eau? Jamais, madame, jamais! J'ai là tout
un assortiment de sirops... cerise, orgeat, citron, fram-
broise... mieux que cela même, du café glacé... Oh! ne
refusez pas, madame!... je suis si heureux!... Je reviens à
l'instant... à l'instant. (*Il sort.*)

SCÈNE SIXIÈME

STÉPHANIE, seule.

Il est un peu fou, mais ce n'est pas là un méchant homme. Ah! ça! joue-t-il la comédie ou Clotilde s'est-elle exagéré son malheur? Sans doute il est coupable, il le reconnaît lui-même, mais ma pauvre amie a une tête un peu exaltée... Certes, je ne nie pas qu'elle ait eu à se plaindre de lui... Ce ne sont pas les discours qu'il m'a tenus qui peuvent me faire changer d'avis... On ne m'influence pas, moi! mais enfin... Il est charmant, ce mari. Jamais il n'a pu songer à battre... Oh!...

SCÈNE SEPTIÈME

LUCIEN, STÉPHANIE.

LUCIEN, avec un plateau.

J'ai tout de même apporté les sirops.

STÉPHANIE, regardant Lucien.

(*A part.*) C'est lui plutôt qui se laisserait... (*Haut.*) Que je vous aide! (*Elle approche le guéridon ; Lucien y dépose le plateau, puis fait asseoir Stéphanie et la sert.*)

STÉPHANIE, désignant le café glacé.

Délicieux.

LUCIEN

Que vous êtes bonne, madame!

STÉPHANIE.

(*A part.*) Singulier garçon! (*Un temps. Haut.*) Je crains bien d'être obligée de partir sans avoir vu votre femme.

LUCIEN

Toujours ma femme !... Ah ! si vous consentiez à l'oublier quelques instants comme moi?

STÉPHANIE, se levant.

Que dites-vous, monsieur? Vous aviez presque reconquis mon estime...

LUCIEN

Ah! madame, ma position est si étrange !

STÉPHANIE

En quoi ? Vous aimez Clotilde, et Clotilde vous aime. Son imagination trop vive a seule fait le mal, car je crois maintenant que les torts étaient peut-être partagés ; mais n'est-ce pas à vous à vous montrer généreux, à lui tendre les bras, à lui dire : Oublions nos anciennes querelles et soyons heureux ?

LUCIEN, avec élan.

Oh! oui... soyons heureux.

STÉPHANIE

Eh bien ! qu'attendez-vous?

LUCIEN

Mais...

STÉPHANIE

Vous ne voulez pas que je m'attribue l'honneur d'une

aussi douce victoire? (*Mouvement de Lucien.*) Clotilde vous a parlé de moi, n'est-ce pas? Elle vous a dit que je vous considérais comme un être sans cœur, violent, brutal...

LUCIEN

Comment, madame?

STÉPHANIE

Mais Clotilde m'a trompée en se trompant elle-même; et vous auriez tort de me garder rancune. Allons! monsieur Limaray, avouez que vous m'avez reconnue!

LUCIEN

Pas du tout.

STÉPHANIE, d'un air de doute.

Oh!... et que plus d'une fois sans doute vous avez souhaité un peu... beaucoup de mal à Mme Stéphanie de Bourdon?...

LUCIEN, bondissant.

Hein?... Ce nom est le vôtre?

STEPHANIE

L'ignoriez-vous vraiment?

LUCIEN

Veuve de M. de Bourdon, ce marin à tous crins, ce capitaine sublime, ce vieillard, cet idiot, ce...?

STÉPHANIE, avec dignité.

Je suis Mme veuve de Bourdon.

LUCIEN

De la Restauration?

STÉPHANIE

Moi, de la Restauration?

LUCIEN

Eh! non... lui... votre marin... votre mari... Madame Stéphanie de Bourdon! Ah! saperlotte!...

STÉPHANIE

Je vois que j'avais deviné, que Clotilde...

LUCIEN

Il s'agit bien de Clotilde! Est-ce que je la connais, moi, votre Clotilde? Est-ce que je suis son mari?

STÉPHANIE

Que dites-vous?

LUCIEN

Vous n'êtes pas ici chez Mme Li... je ne sais quoi ; vous êtes chez un garçon, tout ce qu'il y a de plus garçon...

STÉPHANIE

Ah! Vous n'êtes pas monsieur...?

LUCIEN

Oh! madame! Est-ce que j'en ai l'air? (*Stéphanie va prendre son ombrelle laissée sur un fauteuil, puis remonte pour sortir.*) Que faites-vous?

STÉPHANIE, ironiquement.

Je ne veux point abuser d'une hospitalité...

19.

LUCIEN, avec élan.

Offerte de tout cœur, croyez-le !

STÉPHANIE, à part.

Nous tournons à une déclaration. Il est temps de
partir.

LUCIEN

Oh ! oui, de tout cœur... car si vous saviez ?...

STÉPHANIE

Je sais que je suis chez un garçon... et que...

LUCIEN

N'est-ce que cela ! Oh ! mon Dieu, madame, il y a un
moyen bien simple de tout arranger : épousez-moi.

STÉPHANIE, à part.

Eh bien ! à la bonne heure ! il n'y va pas par quatre
chemins.

LUCIEN

Oh ! je vous en prie ! Ça rendrait votre tante si heureuse !

STÉPHANIE

Ma tante ?

LUCIEN

Oui, madame, votre tante. Aujourd'hui même je devais
vous être présenté par elle comme futur... Voici sa lettre.

STÉPHANIE

Je vous crois.

LUCIEN

Alors, madame ?

STÉPHANIE

Alors, monsieur, j'ai bien l'honneur de vous saluer.

LUCIEN

Il est impossible que vous partiez ainsi ! J'ai bien droit
à quelque compensation. Je ne parle pas de mes résédas,
plantés de mes mains... c'est-à-dire des mains de mon
jardinier : mais enfin, madame, pendant une heure vous
m'avez fait jouer un rôle bien ingrat pour qui aspire au
mariage.

STÉPHANIE

Je regrette autant que vous ma méprise, monsieur,
mais en vous voyant accueillir, retenir si... galamment
près de vous une femme que vous ne connaissiez pas,
pouvais-je imaginer que je parlais à quelqu'un tout occupé d'une entrevue qui devait avoir lieu le jour même ?

LUCIEN

J'avais deviné que c'était vous, madame.

STÉPHANIE

Malheureusement, moi, je n'ai pas été si perspicace.
Adieu, monsieur.

LUCIEN

Ne soyez pas inexorable !... (*Stéphanie sort.*) Madame !...

SCÈNE HUITIÈME

LUCIEN, seul.

Elle m'en veut de... C'est vrai que j'avais deviné que c'était elle. J'ai eu l'air étonné, comme ça, à la surface ; mais au fond... Je ne veux pourtant pas rester garçon, comme ma tante qui est demeurée vieille fille !... Ah ! voici ma voisine qui se montre. C'est une consolation. Eh ! bien, non, ce n'en est pas une ! Je le sens maintenant : cette Stéphanie !... Quel adorable nom ! et quels yeux ! Quelle taille !... Oh !... Elle revient... Son cœur se serait-il attendri ?... Hélas ! non... Elle a trouvé la porte fermée, et elle ne peut sortir.

SCÈNE NEUVIÈME

LUCIEN, STÉPHANIE.

LUCIEN

Je regretterais, madame, de vous avoir forcée à revenir sur vos pas, si cela ne me procurait le plaisir... trop court...

STÉPHANIE

Pardon, monsieur, je suis un peu pressée...

LUCIEN, à part.

Quels yeux ! Peut-on être pressée avec des yeux comme ça ! (*Haut.*) Allons bon ! Qu'ai-je fait de la clef ?

STÉPHANIE

Peut-être l'avez-vous posée sur un meuble ? (*Elle cherche.*)

LUCIEN

Mais non... Elle était dans ma poche... C'est curieux... Ah ! la voici. (*Au moment où il tire la clef de sa poche, Stéphanie, qui se trouve près de la fenêtre, pousse un cri et se penche vivement en dehors.*)

STÉPHANIE

Clotilde !

LUCIEN

Comment ? Ma voisine ?

STÉPHANIE

Oui, monsieur, et ne pas me l'avoir dit !

LUCIEN

C'était Mme Limaray ?

STÉPHANIE, criant dans la coulisse.

Clotilde !... (*Elle agite son mouchoir.*) Elle ne m'entend ni ne me voit.

LUCIEN

Je vous jure que j'ignorais son nom. Je l'ai aperçue hier pour la première fois. Elle ne se promène pas souvent dans son jardin. Ma foi, je suis bien aise de savoir qu'elle est votre amie ; elle est charmante, elle est malheureuse, elle a droit à toutes mes sympathies.

STÉPHANIE

Que voulez-vous dire ?

LUCIEN

Votre amie souffre : je tenterai de la guérir.

STÉPHANIE

Monsieur !

LUCIEN

Ne veniez-vous pas la consoler ? Vous réserver à vous seule le droit d'adoucir une peine, est une charité bien égoïste. Cette pauvre madame Limaray n'a pas trop en ce moment de toutes les affections qui s'offrent à elle. Je suis son voisin, après tout.

STÉPHANIE

Monsieur, cette plaisanterie de mauvais goût...

LUCIEN

Rien n'est plus sérieux, madame.

STÉPHANIE

Eh ! bien, monsieur, j'avertirai Clotilde.

LUCIEN

Je n'osais vous en prier.

STÉPHANIE

Je la ferai partir d'ici.

LUCIEN

J'en partirai moi-même.

STÉPHANIE

J'instruirai son mari.

LUCIEN

Cela dissipera ses soupçons, si un jour il s'avise d'en avoir.

STÉPHANIE

Je vous en prie, monsieur, renoncez à votre projet.

LUCIEN

Vous croyez donc que j'ai des chances de réussir?

STÉPHANIE

Non, certes! Si Clotilde est un peu romanesque, c'est une honnête femme, et j'en réponds comme de moi.

LUCIEN

Alors je ne m'explique pas... A quoi tend votre discours?

STÉPHANIE

A vous empêcher de commettre une action malhonnête.

LUCIEN

Je trouve mon action toute naturelle. Cette jeune femme ne cherche-t-elle pas à se séparer de son mari? Je suis un moyen de séparation.

STÉPHANIE

Ah! c'est indigne!

LUCIEN

Une chose sans doute pourrait m'arrêter. Si j'avais près

de moi une femme que j'aime, à qui je voudrais consacrer ma vie... Faut-il parler plus clairement? J'ai trente
ans, et pas un cheveu blanc... du moins au dire de mon
coiffeur; je m'appelle Lucien, mais, si ce nom vous dé-
plaît, j'en ai un autre : Godebert. J'ai le malheur d'être
riche... Je dis le malheur, parce qu'on m'a reproché de
vivre de mes rentes, ce qui pourtant vaut mieux que de
vivre de celles des autres; eh, bien ! madame, dites un
mot, un seul...

STÉPHANIE

Monsieur...

LUCIEN

Et je ne m'occuperai pas plus de Mme Limaráy, que
si elle n'avait jamais existé... Ou plutôt, si... je m'en
occuperai, avec vous : à nous deux nous parviendrons
peut-être à éloigner de ce cœur la tristesse qui y règne,
à y ramener un peu de calme, un peu d'espoir... Qui
sait? Vous n'ignorez pas, madame, ce que peut l'exemple.
Ce mari, qui est là *(Il désigne la maison voisine.)* regar-
dera parfois de notre côté : nous voyant bien unis, il
songera sans doute à se rapprocher de sa femme, et vous
aurez ainsi assuré le bonheur d'un ménage... et d'un célibataire.

STÉPHANIE

C'est vraiment le seul moyen?..

LUCIEN

Le seul. *(Stéphanie hésite un moment, puis lui tend la
main. Il la prend et l'embrasse.)* Ah ! merci.

STÉPHANIE, *vivement*.

C'est pour Clotilde.

LUCIEN

Un jour, je l'espère, ce sera un peu pour moi.

Rideau.

TABLE

ÉVREUX, IMPRIMERIE DE CHARLES HÉRISSEY.